2015年12月、私は7年半ぶりにソウルを訪れました。

もともとK-POPが大好きだったものの、
2008年に行って以来、足が遠のいていた韓国。
ところが、韓国好きの友人と
ひょんなことから盛り上がり、
久しぶりにソウルに行くことになりました。

7年半ぶりのソウルの街は若者の熱気が溢れ、
おしゃれな飲食店やシンプルで可愛い
アパレルショップもいたるところに。

とりわけ、私は韓国カフェに魅了されました。

カフェのインテリアや空間デザインが
素敵なのはもちろんのこと、
どこのカフェでもコーヒーはおいしいし、
デザートは可愛い。
スタッフも親切で優しい。

そして日々新しいカフェがオープンし、
レベルアップしつづける、
韓国のスピード感にも圧倒されました。

席間に余裕があって、隣の人を気にせず
のびのびと過ごせる。
そんな物質的にも人の気持ちにも余裕がある、
韓国カフェの「余白」に、特に魅力を感じたのです。

韓国って、こんな洗練された
おしゃれなカフェが
たくさんあるんだ!?

日本とは異なる、商業感のない
センス溢れる韓国カフェにハマり、
ソウルから始まり水原(スウォン)・大邱(テグ)・釜山(ブサン)・大田(テジョン)・済州(チェジュ)・全州(チョンジュ)など
韓国地方にも足を運び、2年ほどかけて
約400軒ものカフェへ行きました。

2ヶ月に1度は韓国に行けるよう、
日本での生活を切り詰め、
韓国では1日に8〜10軒ほどのカフェを巡ることも。

本書には、私が巡ったカフェとその周りにある
おいしいレストラン、書店などを含め、
厳選した100軒をご紹介しています。
みなさんのお気に入りの店が見つかれば、
嬉しいです。

COFFEE IS LIKE
a hug
IN A MUG

Contents

プロローグ 2
本書の使い方 12
カフェ巡りの注意点 13

Day1 梨泰院エリア

Anthracite 漢南店／d&d seoul 16
more than less／梨泰院ウユクミエン 18
r.about 漢南店／fermata 20
STILL BOOKS／QUARTET 漢南店 22
underyard 24
woolf social club 25
kontemporary1 26
oasis 漢南店 27
33apartment／チャンミチムタック 28
gnocchi bar 30
D museum 32
三星美術館 Leeum 33
parched seoul／ソンソンチキン 34
le montblanc／storage book and film 36
cafe saru 38
column 韓国の花事情 39

Day2 江南エリア

Camel coffee 清潭店／Atrier and project 42
OUR bakery 烏山本店／ユクミハク 44
PARRK／choeunsook art&life style gallery 46
Attic Salt 48
Cette Saison 49
江南麺屋 狎鴎亭本店 50
XIAO ZHAN 狎鴎亭本店 51
MILESTONE COFFEE 52
67SOHO／CHAPTER1 SELECT 54
r.about 新沙店 56
BACKEN 57
OUR bakery カロスキル店／colette9 58

tea collective 三成店／Premier spa CHUNG DAM	60
SPA1899 大崎本店	62
column 夢空間！SMTOWN	63

Day3 弘大エリア

Cafe Layered 延南店	66
wendy and B.red／京義線スッキル公園	68
Fluffy Donuts	70
Cafe skön	71
moment coffee 2号店	72
search hall	74
CABINET	75
horizon16／their coffee	76
coffee nap roastars 延南店	78
little press coffee	79
manufact coffee 延禧本店／meals	80
B-hind remain	82
dawny coffee	83
your-mind／UE -Unlimited Edition-	84
HUNGO RINGO BREAD	86
bandeut	88
Vacant Shop	89
テチュン遊園地	90
AMTON	91
Our time together	92
ZERO SPACE	93
tartin bakery（RYSE）／SAPPUN 弘大店	94
summit. culture	96
felt	97
NEEDS	98
ALLWRITE	99
延南ソ食堂	100
碧帝カルビ 新村店	101
THANKS BOOKS／九孔炭コプチャン 合井2号店	102
FOURB bake	104
column 学生街・弘大は夜がすごい！	105

Contents

Day4 景福宮エリア

Cafe Onion 安国店／Object 三清店	108
Fritz 苑西店／カントンマンドゥ	110
TXT COFFEE／tchaikim	112
GREEN MILE COFFEE 北村店	114
チャマシヌントゥル	115
勧農洞コーヒープレイス	116
sogno there42	117
ITALYJAE	118
イイオム／SECOND HOTEL	120
mk2	122
Lait and le	123
PRESEASON	124
kyynthegarten	125
BOAN BOOKS	126
IRASUN	127
GRANHAND 西村店	128
好好堂	129
大林美術館	130
column 気持ち高まる韓服体験	131

Day5 聖水エリア

zagmachi	134
Camel coffee 聖水店	135
or.er.／聖水連邦	136
Cafe Onion 聖水店	138
LOWKEY COFFEE 聖水店	139
W×D×H	140
RAW COFFEE STAND	141
Momento Brewers	142
SCENERY	144
cafe tachi	145
HANOI102	146
column 漢江萌 I Love Hang gang river	147

Day6 もっと行きたい！

Maison de Avecel	150
カフェ キイロ／好好食堂	152
Cafe Onion 弥阿店／イレトンカス	154
CENTER COFFEE 明洞店	156
vacances	157
my butter dream	158
flot	159
MUINE／教大2階家 本店	160
ffroi cafe	162
index	163
coin de paris／コドシッ	164
murmur	166
fill coffee	167
5 Lawns 7:04	168
coffee and cigarettes	169
hoody goody seoul	170
Travertine	171
MODULAR	172
rawpie table	173
huelgo	174
李博士の新洞マッコリ	175
column 早く早く！빨리빨리！	176

Saliy's HOTEL GUIDE

新羅ステイ麻浦 178　GLAD 麻浦 179
HOTEL CAPPUCCINO 180　コンラッド・ソウル 181

韓国で買って帰りたいおすすめ土産 182
韓国カフェ巡りで役立つちょっとしたメモ 184
韓国での交通情報 186
韓国旅のお役立ちアプリ 187
韓国旅で困ったとき 188
もしものときの緊急連絡先 189

おわりに 190

本書の使い方

12

アイコン

本書では、ソウルにあるカフェをメインに、レストラン、雑貨店など様々なカテゴリーの店、スポットを紹介しています。より韓国旅を楽しんでいただくために、本書を使いこなしてください。

日本語 MAP（QRコード）

店舗情報の横に掲載しているQRコードを読み込めば、日本語版のMAPが表示されます。これがあれば、わかりにくい韓国の道も安心！

アイコン説明

カフェ　レストラン　雑貨店　カルチャー

ファッション　美容　ホテル

カフェ巡りの注意点

本書では「ソウルで暮らしていても行きたいカフェ」を軸に、
多様なテイストのカフェを厳選して紹介しています。
そのほとんどが個人店なので、
より楽しく過ごせるように、ソウルカフェ巡りをするときに
気をつけておきたいことをまとめました。

1. 突然の店休日に注意

韓国では、定休日でないのに、店が急に休みになっていることがよくあります。チェーン店では皆無ですが、個人店では韓国"あるある"。営業時間や定休日が変わることも多く、店のインスタグラムに随時情報が更新されるので、行く前に必ずインスタグラムでチェックすることをおすすめします。

2. 日本語はほぼ通じない

日本文化が好きで日本語を話せるスタッフもたまにいらっしゃいますが、基本的に日本語はほぼ通じません。通じるのは、韓国語または英語です。注文方法などはP184をご参照ください。

3. 写真撮影はマナーを守って

写真を撮るのが大好き＆上手な韓国の人たち。ただSNS熱が加熱しすぎた影響か、本当に少数ですが、最近は写真撮影禁止の店も出てきています。オンラインショップ用の写真撮影はご遠慮くださいという店や、他のお客様が静かに過ごせるようにという配慮から店内撮影禁止の店も。また旬なカフェともなると人気席は争奪戦ですが、みんなそこで写真を撮りたいので、順番に譲り合うという微笑ましい光景も。カフェに来ている人たちは楽しみに、そしてくつろぎに来ているので、その雰囲気は大切にしたいもの。
カフェによってケースバイケースなので、マナーを守りながら楽しみましょう。

＊本書に掲載されている情報は2019年4月現在のものです。店舗などの情報は変更となる場合があります。

Day1

梨泰院エリア
イ テ ウォン

漢南洞
ハン ナム ドン

経理団通り・解放村
キョンニダンキル ヘ バンチョン

Access memo

金浦空港から地下鉄で約35分。仁川空港から地下鉄で約1時間。どちらも孔徳駅で空港線から6号線へ1度乗り換えするだけなので比較的楽ですが、孔徳駅での乗り換えは移動距離があるため、面倒な方はタクシーかリムジンバスを使うのがおすすめです。

ちょっと小道に入れば素敵なカフェがたくさん。
カフェにギャラリー、インテリアショップと、
最新カルチャーを感じることのできる、ソウルのおしゃれな大人が集うエリア。
モノトーンルック、シンプルなのに垢抜けた男女。
特に漢南洞は、東京でいうと中目黒と南青山を足して2で割ったような雰囲気。
海外文化が発展している街でもあり、朝食が食べられるカフェも多くあります。
クラブ街があるため、週末の梨泰院駅周辺は夜中になるほど渋滞が発生し、
タクシーが捕まらなくなるので要注意。

Saliy's voice

梨泰院は全体的に坂道＆山道多め！ぺたんこ靴で行くのがベター。

Anthracite 漢南店
ハンナム

16

3階のオープンキッチンで作られているお菓子の匂いに、思わずお腹が鳴る。各国の大使館が多い場所なので外国人家族もよく見かけます。

韓国を代表する人気コーヒーブランド

合井店を皮切りに済州、漢南、西橋、そして延禧と店舗を続々と増やし、そしてどの店も他に類を見ない空間を見せてくれるAnthracite。「止まった空間に時間を入れ、その変化を蓄積し共有すること」をコンセプトに、廃工場をカフェへとリノベーション。焙煎機が各店に設置され、高品質のコーヒーをいただけるコーヒー専門店でもあります。私はAnthraciteが好きすぎるあまり全店舗に行きましたが、どの店舗も素敵すぎて、1番おすすめはどこかなんて決められない状況。「今日は漢南店でのんびりしたいな」「延禧店で読書でもするか」などと、その時々の気分によって行きたい店舗が変わるため、知らず知らずのうちに○○するならここ！ とインスピレーションを感じているのかも。今回紹介するのに漢南店を選んだのは、周りにカフェがたくさんあり、旅行中に寄りやすい立地だと思ったから。他店にも、もちろん行ってみて欲しいです。

梨泰院エリア / 漢南洞

Anthraciteのドリップコーヒーパックとコーヒー粉は、種類も豊富でお土産におすすめ。コーヒー粉を買うとドリップコーヒーが1杯無料になるので、ちょっと得した気分に。

おいしいコーヒーを飲みながら、窓から見える解放村を眺めてボ〜ッと。ちょっと考えごとをしたいときに行きたくなる場所です。

🏠 Anthracite 漢南店 앤트러사이트 한남점
住所 ソウル特別市龍山区梨泰院路240,1-3F
(서울특별시 용산구 이태원로240,1-3F)
電話番号 +82-2-797-7009
営業時間 平日／9:00-22:00（金曜は23:00まで） 土日／10:00-23:00
定休日 インスタグラム参照
instagram @anthracite_coffee_roasters

map

近くに来たら寄りたい雑貨店

d&d seoul

Anthraciteの地下にあるd&d seoul。日本の会社なので、メイドインジャパンのものを多く扱っていますが、ここでチェックしたいのはメイドインコリアの雑貨たち。韓国地方・京畿道(キョンギド)で作られたトッポキ皿や銀プレートなど、韓国の家庭で昔から使われている食器は、軽くて丈夫で使い勝手よし。いくつも揃えたくなります。

d&d seoul
住所 同上（Anthracite B1F）
電話番号 +82-2-795-1520
営業時間 11:30-20:00
定休日 月曜
instagram @d_d_seoul

Day 1

more than less

中目黒にありそうなシンプルカジュアルな洋服は、大人向けで上質なものばかり。帽子やエコバッグはお値段的にも手に取りやすいです。

多彩なコーヒーメニューが魅力

梨泰院路の大通りを小道に入ると、そこは閑静な住宅街。豪邸が立ち並ぶ中に、モードな煉瓦造りの建物、デザイン会社が営む shop&cafe mtl (more than less) があります。自社で内装デザインも施したという、大きなシルバーの回転扉が目印。天井が高く、開放感たっぷりの無機質でインダストリアルな空間に、のびのびとくつろげるソファー。デザインスタジオでもあり、ドイツ・ベルリンの bonanza coffee 韓国支店が入店している形を取っているのだそう。絶対何かしらの業界人だろうなぁ……と思える、垢抜けた男女が集っていたりと、リアルなソウルを垣間見ることができる楽しいカフェでもあります。韓国人の味覚に合わせた多彩なコーヒーメニューも魅力的で、私が伺ったときは「カスタードパンナコッタ」なるシーズンメニューをいただきました。一口目はカスタード、混ぜるとエスプレッソの苦味が増して二度おいしい。そこでしか飲めない味を体験することも、旅行ならではの楽しみですよね。

漢南洞 / 梨泰院エリア

オリジナルのマグやグラスもかっこいい！ここでしか買えないので、雑貨好きな人へのお土産にもおすすめ。韓国の雑誌や書籍、文房具もあり、コーヒーと暮らしを楽しめる空間です。

広々としたカウンター前には、木製の椅子がちょこんと。常連さんがここに座り、バリスタと談笑している姿をよく見かけます。この距離感の近さも、韓国カフェの魅力のひとつ。

more than less 모어댄레스
住所 ソウル特別市龍山区梨泰院路49ギル24
(서울특별시 용산구 이태원로49길 24)
電話番号 +82-70-4113-3113
営業時間 10:00-22:00
定休日 インスタグラム参照
instagram @more.than.less

map

近くに来たら寄りたいレストラン

梨泰院ウユクミエン

おいしいジャジャン麺を食べたいならここ！ ミシュラン2018、2019に掲載された台湾式の中華料理店で、ジャジャン麺のおともに、カリッと揚がったタンスユク（韓国式酢豚）もぜひどうぞ。ジャジャン麺やタンスユクは、韓国ではドラマにもよく登場するポピュラーな中華料理。日本ではあまり見かけないので、ここぞとばかりに食べています。

梨泰院ウユクミエン
이태원우육미엔
住所 ソウル特別市龍山区
梨泰院路55ガキル26-8
(서울특별시 용산구 이태원로55가길 26-8)
電話番号 +82-2-798-5556
営業時間 11:00-22:00 (L.O.21:00)
定休日 旧正月、秋夕
instagram @itaewon_u_yug_mien

map

r.about 漢南店 (ハンナム)

とても気さくで、優しいバリスタのみなさん。俳優として活動されている方もいたりと、個性豊かです。

フレンドリーなバリスタ 漢南洞のローカルカフェ

カフェだとはっきりわかるような看板や、派手な案内は出さない、商業感のないところが魅力的な韓国民家のようなカフェr.about。広い庭は、これまた民家感満載。暖かい時期にはテラスでコーヒーを飲むことができ、友達とおしゃべりしながらだらだらと過ごす時間は最高です。テラスに出ると、隣の部屋にはなぜか昔のゲームセンターにあるようなゲーム機が……。しかも、ちゃんとプレイできるのです(笑)。そんな遊び心もありつつ、コーヒーに対しては真面目。r.aboutでは、良質なコーヒー豆からおいしいコーヒーを抽出し、お客様に届けることをミッションにしているのだそう。ドリップコーヒーの豆は日替わりなので、行くたびに違う味を楽しむことができます。

漢南洞 梨泰院エリア

手作りのチョコレートブラウニーは濃厚で、コーヒーとの相性も抜群。まろやかで飲みやすいカフェラテもおすすめ。コーヒーが苦手な方には、ホットチョコレートやココアもあります。

STILL BOOKS（P22）のすぐ近くにあり、ハシゴしやすい。どの駅からも遠くてアクセスはよくないものの、韓国の友達の家に遊びに来たかのような気分を味わえる、憩いのカフェです。

 r.about 漢南店　아러바우트 한남점
住所　ソウル特別市龍山区大使館路8キル15
（서울특별시 용산구 대사관로8길 15）
電話番号　+82-2-711-1351
営業時間　10:00-21:00
instagram　@r.aboutcoffee

map

近くに来たら寄りたい店

fermata

オーナーの持ち家を改装した、レトロな雰囲気の洋館。オリジナルの洋服は、ここでしか買えないものを見つける楽しみがあります。雑貨や服はもちろんのこと、とにかくこの店は外観と空間が素敵。蒼井優さんのような雰囲気の、素敵なスタッフのファッションセンスは、見ているだけで勉強になります。

fermata　페르마타
住所　ソウル特別市
　　　龍山区梨泰院路36キル30
　　　（서울특별시 용산구 이태원로36길 30）
電話番号　+82-2-6081-9633
営業時間　火～金曜／12:00-20:00
　　　　　土曜／12:00-19:00
定休日　日・月曜
instagram　@fermata_official

map

STILL BOOKS

こちらでは、「BOOK CLUB NIGHT」という食事と読書を楽しむイベントが開催されることも。本を軸に多様な展開をみせています。

©STILL BOOKS

インスピレーションを受けるデザイン書店

「A Bookshop for Inspiration」"インスピレーションを受けるための書店"というコンセプトにふさわしく、物語性のある空間。近年注目を集めている韓国の1テーマ雑誌「B」が全巻揃い、デザイン書や洋書、実用書、文学など多様なジャンルの本を取り扱っています。置かれている種類・冊数は大型書店には及びませんが、私はここでずっと探していたフォトブック「TAKE IVY photo by T.HAYASHIDA」(power HOUSE BOOKS刊) を発見し即購入！ Amazonで見ていたときは中古価格でも5000円以上したのに、こちらでは38000ウォンで販売していたので大満足な収穫でした。

最上階のバーレストランカフェの名前が「THE LAST PAGE」となっていて、1階から最上階までかけて物語を描いているところも粋です。レストランのメニューには"FIN"と書かれており、隅々まで世界観が完璧に演出されていて素晴らしい。韓国のこういうところがたまらなく好きです。

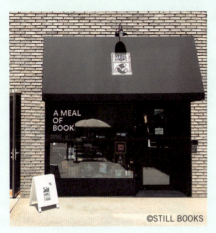
©STILL BOOKS

暖かい季節なら、STILL BOOKSで購入した本を手に、下で紹介しているカフェQUARTETのテラスでお茶するのもおすすめ。コーヒーを飲みながら新しい本を読める幸せを噛み締めて。

複合施設になっていて、ひとりでも入りやすい韓定食屋、欧州から上陸したカフェ「QUARTET」、ミニシアターなど、食事もカルチャーも楽しめます。

STILL BOOKS 스틸북스
住所 ソウル特別市龍山区大使館路35
(서울특별시 용산구 대사관로 35)
電話番号 +82-2-749-5005
営業時間 12:00-21:30
定休日 月曜
instagram @still.books

map

近くに来たら寄りたいカフェ

QUARTET 漢南店
ハンナム

欧州文化が強い梨泰院は、朝食を楽しめるカフェが多くあります(韓国のカフェは昼から営業する店が多く、以前は朝早くから営業しているカフェは少なかったのです。ここ数年は増加してきていて旅人には嬉しい)。こちらも9時にオープン。エッグパンサンドが人気の店です。KAKAO FREINDSの人気キャラクター・ライアンとコラボしたメニューもあります。

QUARTET 漢南店
住所 同上
電話番号 +82-2-794-9009
営業時間 9:00-22:00
定休日 インスタグラム参照
instagram @quartet.official

underyard

米国文化の強い土地柄か、オールドアメリカンなインテリアは重厚感があって、落ち着く雰囲気。「俺はチャラチャラしないぞ」と言っているようで、なんだかかっこいいカフェです。

オールドアメリカン&人気のオープンサンド

オープンサンドで有名になった、韓国の人気カフェunderyard。もともと江南(カンナム)に1号店があり、こちらは2号店。カフェ巡りをしていると、つい甘いものばかりになってしまうからこそ、野菜も摂れて食事もできる一石二鳥の嬉しい店なのです。オープンサンドは野菜とソースの相性が絶妙で、とてもおいしい! 飽きのこない味だから何度も食べたくなり、ひとりでも完食できてしまう量です。コーヒーはFritz(P110)のもので、ドスンと濃厚なカフェラテは目覚めの一杯にぴったり。

 underyard 언더야드
住所 ソウル特別市龍山区漢南大路27ガキル26
(서울특별시 용산구 한남대로 27가길 26)
電話番号 +82-2-749-5743
営業時間 10:00-22:00
定休日 月曜
instagram @underyardseoul

map

woolf social club

漢南洞 / 梨泰院エリア

濃く煮出したミルクティーを冷やし、可愛いオオカミが描かれたボトルに。爽やかなキーライムパイは韓国カフェでも珍しいメニューです。

欧州感たっぷりの異国カフェ

美しい模様を描いた大きな白いアコーディオンドアが目印。気候のよい時期はドアが開かれ開放感たっぷりに。天井まで埋まったレコードとCDは、店主のコレクション。流れるジャズを聴きながら、ひとり静かに読書をしている女性や、近所に住んでいるであろうおしゃれなご夫婦がくつろいでいました。イギリスの小説家Virginia Woolf の著書「A room of one's one」からインスピレーションを得たカフェで、女性の経済的・精神的独立とソーシャリティを応援し、おいしいコーヒーとパイで女性の想像力を豊かにさせるために尽力している社会的意識の高い店です。

woolf social club 울프소셜클럽
住所 ソウル特別市龍山区漢南大路158
(서울특별시 용산구 한남대로 158)
営業時間 12:00-22:00（日曜は21:00まで）
定休日 水曜
instagram @woolfsocialclub

map

kontemporary1

KONTEMPORARY 1

創作グループ「kontemporary」が製作・運営。美術館の新しい形を提示する作品のひとつで、インテリアデザイン、家具や空間設置物、展示企画のサービスなども提供しています。

街頭に突然出てきた新感覚の美術館カフェ

巨大な絵画が動き、回転扉に。意表を突いてくるこのカフェは「街頭に出てきた美術館」をコンセプトにしているkontemporary1。食べ飲みしながら絵と彫刻を鑑賞でき、すべての展示品は購入が可能という、アートとカフェを融合させた新感覚の店です。見た目重視な店なのかなと半信半疑な気持ちで(大変失礼)ブランチをいただいたら、大変おいしく、心の中でスライディング土下座。厳選した素材で、丁寧に作られているのだそう。テイクアウトのカップは近未来的なデザインで可愛い。

kontemporary1 컨템퍼러리1
住所 ソウル特別市龍山区梨泰院路54キル48
(서울특별시 용산구 이태원로54길 48)
電話番号 +82-10-2606-0139
営業時間 12:00-22:00
定休日 月曜
instagram @kontemporary_official

map

oasis 漢南店 (ハンナム)

梨泰院エリア / 漢南洞

陶器のマグや小さなスプーン、かごバッグなど素敵な雑貨がずらり。藤の水筒は言葉にできない可愛さ！ 雑貨好きにはたまりません。

別荘のようなカフェで休日ブランチ

9時から営業しているカフェ＆レストランで、エッグベネディクトにサラダ、スープと、朝食にぴったりなメニューが揃っています。閑静な住宅街にある一軒家は、まるで別荘のよう。oasisという言葉がぴったりな、別荘に遊びに来たかのようにくつろげるカフェです。落ち着いた、穏やかな空気をまとう店主はとても親切。店内には、オーナーの友人である作家の作品「Enough for today」も置いてあり、とても素敵です。

oasis 漢南店 오아시스 한남점
住所 ソウル特別市龍山区梨泰院路45キル30
(서울특별시 용산구 이태원로45길 30)
電話番号 +82-2-790-8906
営業時間 平日／9:00-20:00 日曜／9:00-18:00
定休日 土曜
instagram @oasisbrunch

map

33apartment

「社長、帽子をかぶった方がいいですよ」とバリスタからアドバイスが。少し可愛らしい、ほっこりした場面です。

デザイナーが作ったハイセンスなカフェ

4人のデザイナーが社長を務めるカフェ、33apartment。内装デザインはもちろん、インテリアのセレクトなど、カフェの空間作りはすべて社長たち自ら行ったのだそう。コーヒー豆はDukes coffeeというオーストラリアのメーカーのもので、現地オーストラリアと韓国にのみShowroomがあるのです。鮮やかでポップなパッケージが可愛い。ドリップコーヒーは豆を4種類の中から選ぶことができるので、自分の好みに合ったものをいただけます。近所の人たちがふらっとやってきて出勤前にコーヒーを飲んでいたり、バリスタと談笑していたり、ストーブを囲んでわいわい盛り上がっていたりと、ローカル感溢れるカフェです(「近所の人たち」といっても、ファッション業界や映画業界などの人が多く住む土地柄、おしゃれな人が多いのも漢南洞の特徴)。

この日はたまたま社長のひとりが来店。気さくに話しかけてくださり、「こんな格好だけどいいの?」と照れ笑いされながら写真も撮らせてくれました。

梨泰院エリア 漢南洞

社長は日本好きでたまに東京に来るらしく、東京の好きなカフェは代々木公園にあるFuglen Tokyoだそう。他のカフェの関係者からも、よく名前が挙がります。もうソウルに出店した方がいいのでは。

ゆったり座ってコーヒーを飲める地下のスペースは、インテリアが素敵。仕事をしている人もいます。韓国のカフェには大体Wi-Fiがあるので、ネット環境のストレスがなくて嬉しい。

🏠 33apartment 33아파트먼트
住所 ソウル特別市龍山区漢南大路27キル33
(서울특별시 용산구 한남대로27길 33)
電話番号 +82-2-794-0033
営業時間 月〜土曜／8:00-18:00 日曜／10:00-18:00
定休日 インスタグラム参照
instagram @33apartment

map

近くに来たら寄りたいレストラン

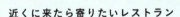

チャンミチムタック

鶏肉と野菜を甘く煮た鍋「チムタック」。肉じゃがに似たような味で、1番の人気メニューのムクウンジチムタックはピリ辛×甘さが癖になるおいしさ。鶏肉とさつまいもをキムチで巻いていただきます。NAVERのレビュー(日本でいう食べログのようなもの)でも高評価で、「おいしすぎるから100回食べてください！」と書いている方もいるほど(笑)。

チャンミチムタック
장미찜닭
住所 ソウル特別市龍山区梨泰院路258
(서울특별시 용산구 이태원로 258)
電話番号 +82-2-792-8787
営業時間 11:00-23:00
定休日 インスタグラム参照
instagram @rosy_jjimdak

map

Day 1

gnocchi bar

30

週末は、おしゃれをした大人女子でいっぱい。昼間からワインを片手に弾けるようなおしゃべりをしていて、見ているこちらも元気になります。

人×空間×食が調和 ギャラリーのような店

店に入った瞬間、視線を強奪され、芸術美溢れるギャラリーのような空間が広がるニョッキ専門レストラン。店主は延禧洞にある「ブオク」（現在は休店中）という有名カフェギャラリーを手掛けてきた、透明感のある女性ヘジョンさん。アパレルのバイヤーとして働いたのち、英国へ料理留学に行った経歴があり、現在はフードデザイナーとして活躍するかたわら、店を切り盛りしています。とにかくセンスの塊のような方で、いつも素晴らしい内装とインテリア、そして料理で私たちを驚かせ楽しませてくれます。そんなヘジョンさんが最も重要視しているのは「人、空間、食べ物の調和」。ミシュランを獲得したシェフが手掛けるニョッキ料理はどれも絶品！ Fried cheese gnocchi with gorgonzola cream（ゴルゴンゾーラソースのチーズニョッキ）、Truffle cream gnocchi with umbria fresh truffle（トリュフクリームのニョッキ）は店の看板メニュー。日本では食べたことのない味が、新鮮です。

漢南洞 梨泰院エリア

ヘジョンさんは、世界各国の旅先で見た新しい美しいものにインスピレーションを受け、自分のプロジェクトに溶け込ませているのだそう。店内にはたくさんの絵が飾られていますが、「最後の晩餐」のような長テーブルと幻想的な照明、壁面の絵が特に印象的です。

電話予約は韓国語のみの対応なので、週末ならオープンと同時に行くのがベター。複数人で行けば、数品頼んで1人30000ウォンほど。昼夜料金は変わらないため、ちょっと贅沢なランチにおすすめです。

gnocchi bar 뇨끼바
住所 ソウル特別市龍山区漢南大路20キル41-4,1F
(서울특별시 용산구 한남대로20길 41-4 1층)
電話番号 +82-2-6104-8300
営業時間 11:30-14:30・17:30-21:30
定休日 月・火曜はランチ営業なし
instagram @gnocchibar

map

Day1

D museum

徒歩圏内にあるD project space（@dprojectspace）では、入場無料の企画展示が行われることがあります。以前は、韓国の人気ファッションデザイナーAder errorとコラボしていたことも。

若者に人気の美術館
POPな現代カルチャー

現代アートといえばここ。いつもハッとさせられる魅力的なアートが展示されています。写真撮影自由なことも、SNS世代の心を掴む理由のひとつ。いつもたくさんの人たちで賑わっているミュージアムです。
写真は、現在開催中の「I draw: 그리는 것보다 멋진 건 없어（描くことよりも素敵なことはない）」。ちなみに、個人的に今までで1番好きだった展示はシャネルのもの。わかりづらい場所にあるので、初めて行く際はタクシーがおすすめです（kakao taxiはP187）。

🏛 D museum 디뮤지엄
住所 ソウル特別市龍山区読書堂路29キル 5-6
Replace 漢南 F棟
（서울특별시 용산구 독서당로29길 5-6 Replace 한남 F동）
電話番号 +82-70-5097-0020
営業時間 火〜木、日曜／10:00-18:00（最終受付 17:30）
金・土曜／10:00〜20:00（最終受付 19:30）
定休日 月曜　**instagram** @daelimmuseum

map

三星美術館 Leeum

梨泰院エリア / 漢南洞

夢の中にいるような幻想的な空間。Leeumはミニマルな世界観と静寂と独特のスタイルを感じることのできるミュージアムです。

重厚感のある荘厳な美術館

大企業・三星(サムスン)グループが運営し、古典から現代アートまで堪能できる美術館。敷地1200坪、延べ床4500坪に国宝36点、宝物96点を含む芸術家たちの作品を所蔵しています。「韓国が誇る大財閥・三星とは本当すごいであるなぁ」と、変な日本語になって感嘆してしまうほど、建物自体が美しく、外観をただ観ているのも楽しい。庭にあるオブジェはLeeumの象徴で、この前で写真を撮る観光客がひっきりなしに行ったり来たり。静かにアート鑑賞をしたい方におすすめの美術館です。

🏛 **三星美術館 Leeum** 삼성미술관 리움
住所 ソウル特別市龍山区梨泰院路55キル60-16
(서울특별시 용산구 이태원로55길 60-16)
電話番号 +82-2-2014-6901
営業時間 10:30-18:00(最終受付 17:30)
定休日 月曜

map

parched seoul

ウイスキー、ビール、サングリアなど、お酒も飲めるカフェ。男性客が多いのにも納得です。男性同士でお酒を飲みに来るのもあり。

流行に捉われず独自のスタイルを持つ

経理団通りを越え、足腰に響くほどかなり急な坂道を登った場所にあるparched seoul (梨泰院エリアを散策するときは、急な坂道がとにかく多いので、フラットシューズかスニーカーで行くのがおすすめ)。路地裏にヒョイっと入った場所にあり、見逃してしまうかもしれないので注意深く探してみてください。K-POPグループ・EXOのド・ギョンス的な、控え目感のある隠れ家カフェです。半地下へ下り自動扉が開くと、煉瓦色の壁とむき出しのコンクリートが印象的な、おしゃれな空間が広がります。渋みあるシンプルで重厚なインテリアで統一され、男性客が多いのも特徴的。「流行に流されず捉われず、自分たちのよいと思うスタイルを長く続けたい。永続的なスタイルを貫くカフェがコンセプト。良質なコーヒーを、この空間に合う味や風味に近づけることができるよう努力しています」と、店主。

カップルのお客さんが多く、ひとりで来ている人をほぼ見たことがありません。確かに夜になるほど大人っぽい雰囲気になるので、夜のひとり来店は少々ハードルが高いかも!?

コーヒーの他、ミルクティー、ホットチョコ、そしてケーキもあります。渋いイケメン店主が、丁寧においしいコーヒーを淹れてくれます。おすすめはフラットホワイト。

parched seoul 파치드 서울
住所 ソウル特別市龍山区緑莎坪大路40ダキル3-3
(서울특별시 용산구 녹사평대로40다길 3-3)
電話番号 +82-70-8888-4515
営業時間 日〜木曜／13:00-21:00
　　　　　　金・土曜／13:00-22:00
定休日 火曜　**instagram** @parched_seoul

近くに来たら寄りたいレストラン

ソンソンチキン

梨泰院駅から急斜傾の坂道を登り、徒歩10分ほどの場所にある、隠れ家のようなおしゃれチキン屋。韓国のモデルであるソン・ミノが社長を務め、社長自身が店にいることも。定番のガーリックはもちろん、パスタを入れるスタイルのクリームチキンもおいしい！ 週末の夜にチキンとメクチュ（ビール）で「チメク」なんていうのも、悪くないですね。

ソンソンチキン 손손치킨
住所 ソウル特別市龍山区
梨泰院路19キル21
(서울특별시 용산구 이태원로19길 21)
電話番号 +82-10-2362-7112
営業時間 平日／18:00-翌2:00
　　　　　　土日／18:00-翌3:00
定休日 月曜
instagram @sohnsohnchicken

Day 1

le montblanc

36

本物の毛糸のように見える、細部まで緻密に作られている毛糸ケーキ。あまりにも綺麗なものだから、ナイフを入れる瞬間はいつも緊張します。

毛糸ケーキを求めて プチ登山

もともとニット工場だった場所をリノベーションし、パティスリーカフェをオープン。こちらのカフェが人気を博した理由は、何といっても「毛糸ケーキ」。本物の毛糸のような、細部にまでこだわったリアリティ溢れる繊細な一品です。オーナーのご主人がニット工場を営んでいたので、工場が無くなるときに、ご主人が大切にしていたものを別の形で残したいと考え、毛糸の形をしたケーキを作ることにしたのだそう。ご主人を想う気持ちがとても素敵な、憧れのご夫婦です。

どうせ今流行りの「映え」重視のカフェでしょ? と侮ることなかれ。ル・コルドンブルー東京で修業したパティシエが腕をふるうスイーツは、見た目の可愛さに甘えることなく、美味。味もフォルムもとても繊細な作りで、毛糸部分はチョコレート、中身はムースになっています。ケーキはもちろん、カラフルなエクレア、焼き菓子もすべておいしいです。

店が位置する解放村・新興市場(シヌンシジャン)は、若手クリエイターたちがギャラリーやアクセサリーショップなどを出店。OrangOrangというカフェは、インダストリアルな空間がかっこいいです。

ブランケットはオリジナルのもので、ここにも毛糸の刺繍が施されています。メディアで取り上げられることも多く、日本人観光客の比率も高い店です。

le montblanc 르몽블랑
住所 ソウル特別市龍山区新興路99-4 (서울특별시 용산구 신흥로 99-4)
電話番号 +82-2-774-3793
営業時間 12:00-20:00
定休日 月曜
instagram @le_montblanc

map

近くに来たら寄りたい書店

storage book and film

個人出版物を中心に扱う、小さな小さな書店。寒い季節に行くと石油ストーブの香りがして、懐かしい感覚を覚えます。変に干渉せず、そっとしておいてくれるのもよいところ。マガジンハウスの雑誌がずらりと並び、オリジナルの雑貨もちらほら。雑多に並んだ書籍とZINEは、宝探しをする気分になって楽しいです。

storage book and film
스토리지북앤필름
住所 ソウル特別市龍山区新興路115-1
(서울특별시 용산구 신흥로 115-1)
電話番号 +82-70-5103-9975
営業時間 13:00-19:00
定休日 インスタグラム参照
instagram @storagebookandfilm

map

Day1

cafe saru

38

無機質な空間に色とりどりの花が飾られ、花屋のよう。秋冬ならミルクティーがおすすめ。ちなみに、韓国カフェでは日本英語の「ホット」と言ってもほぼ伝わらないので「ハッ(ト)」と言うと◎。

サプライズは○○のプレゼント

私が韓国カフェを巡り始めた2016年頃は、ちょうど経理団通りがカフェブームでした。そのとき訪問し、サプライズを受けた思い出のcafe saru。このカフェのすごいところは「女性のお客様へのお花プレゼント」。店主から「これプレゼントです〜」とラフにお花を渡され、韓国男子って……すごい!!! と感銘を受けました(笑)。この気取らなさと、純粋に誰かを喜ばせようとする気持ちが素敵。店員との距離感が近く、韓国カフェがさらに好きになったきっかけの店です。

cafe saru 카페 사루
住所 ソウル特別市龍山区フェナム路28キル6-3,1F
(서울특별시 용산구 회나무로28길 6-3,1층)
電話番号 +82-2-792-0999
営業時間 12:00-22:00(金・土曜は23:00まで)
定休日 月・火曜
instagram @sarusalon

map

韓国の花事情

ソウルの街を歩いていると、花束を持っている男子をよく見かけます。彼女や好きな相手にお花をプレゼントする男子が、韓国には普通にいるからです。なんてロマンティックな習慣！ そして彼からプレゼントされたお花を持って自撮り→インスタにアップというのが、一連の流れでしょうか。「男性からお花をプレゼントされる」って行為は、日本だとなかなかハードルが高い。でも、お花をもらって嫌な気分になる女性がいるでしょうか？ いや、いない。かく言う私も、当然この花束をプレゼントされることにものすごく憧れを持っていて、昔付き合っていた韓国男子に「私は花が好き」と素直にPRしていました。あるとき彼から「今度会うときに、ソルラル(旧正月)のプレゼント持って行くね〜」と言われ、とうとう花、くるか!? と期待していたら、渡されたのはツナ缶の詰め合わせ。これ、本当のお歳暮的なあれやん。ハムの人やん。と1億ガッカリ。話を聞くと、会社でもらったものを「日本に帰るとき、お土産で配れるだろう」との心遣いから私にくれたのだそう。頂き物をしておきながらぶーたれるなんて、バカらしいのはわかっていたものの、泣きましたよね。

Day2

江南エリア
狎鴎亭ロデオ
カロスキル・新沙
江南

SHOPPING IS THE BEST MEDICINE

Access memo

金浦空港から地下鉄9号線で約1時間。HOTEL CAPPUCCINO（P180）のある新論峴駅まで乗り換えなし。タクシーだと、約25000〜30000ウォンほど。仁川空港からは地下鉄だと乗り換えが多い上に1時間半ほどかかるので、リムジンバスがおすすめです。

高層ビルに反射する夕焼け、整備された広い道路を走る高級車。
corso como seoul、BEAKERなどの高級セレクトショップをはじめ、
現代百貨店やギャラリアデパートにハイブランド通りと、
"江南＝成功者の街"と勝手に認識している、韓国随一の富裕層エリア・江南。
ハイエンドなショップやレストラン、カフェも多く、
芸能人をよく見かける場所でもあります。
週末の夜は綺麗めワンピースにロングヘアのキラキラした女性や、
スーツできめた男性たちが闊歩し、「朝まで遊ぶぞ！」という気合いと
熱気がこもる江南駅周辺は眺めているだけで楽しいのです。

Saliy's voice
　　　　　江南は、表参道と銀座をミックスしたような、安心感の高いエリア。

Camel coffee 清潭店

グッズが可愛くて買いたいのに、なぜかいつも売り切れ……。一体いつ販売しているのか!? 年内には買えるといいなと密かに願っています。

"Camel Latte"が1番人気

聖水で大人気のCamel coffeeの2号店が2018年夏、狎鷗亭ロデオにオープンしました。看板メニューは、店の名前がついた「Camel Latte」。クリーム＋キャラメル＋コーヒーのマリアージュは、ついリピートしてしまうおいしさ。「ホットよりアイスの方がもっとおいしいから、おすすめだよ」とバリスタ。人気メニューのあんバターサンドなど、フードメニューは12時過ぎ頃から店頭に並ぶので、ブランチしたいなら12時以降に行くのがおすすめ。

オーナーが自らデザインし、ペイントまで施した内装と、長年かけて収集したというインテリアがかっこいい空間。ソウル最高峰の高級住宅街にあるからか、そこはかとなくラグジュアリーな雰囲気が漂います。週末はカップルが多いけど、平日は江南マダムや綺麗な大人の女性がお茶している光景をよく見かけます。1号店とはまた違った雰囲気を楽しめるカフェです。

狎鴎亭ロデオ 江南エリア

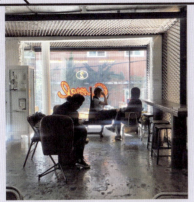

狎鴎亭ロデオ駅から15分ほど歩いた住宅街の中にあり、少しわかりづらいかも。不安なら、タクシーで行くのがおすすめ。大きな2階建ての建物と、可愛いCamelのロゴが目印です。

オーナーがとにかくおしゃれ。「この方にしてこのカフェあり」と実感するしかない、素敵なセンスをお持ちの方。よく店にいらっしゃいます。

Camel coffee 清潭店 카멜커피 청담
住所 ソウル特別市江南区烏山大路99キル60
(서울특별시 강남구 도산대로99길60)
電話番号 +82-11-857-3337
営業時間 9:30-20:00 (L.O.19:30)
定休日 なし
instagram @camel__cafe

 map

近くに来たら寄りたい雑貨店

Atrier and project

Camel coffeeの2階にあるアトリエ&インテリアショップ。欧米など世界中から集められたインテリアが素敵。韓国人デザイナーのPOP UPを行っていることも多く、私は「Maman et Fille (@maman_et_fille_seoul)」というアクセサリーブランドの指輪を購入。繊細で美しいヴィンテージ風の指輪がとても可愛くて、少しずつ揃えようと企んでいます。

Atrier and project
住所 同上 (Camel coffee 2F)

OUR bakery 烏山本店
(トサン)

Day2

「TOSAN(烏山)」「NAKAMEGURO(中目黒)」と、ソウルと東京の地名がついたコーヒーも。好きな種類を選んでみて。

スタイリストによるハイセンスベーカリー

韓国の有名スタイリストが始めたベーカリーカフェ。初めて訪れたとき、ブラックベースのシンプルでスタイリッシュなかっこよすぎる内装に、私は感動して震えました（大げさ）。パンが出来上がる時間は扉に書かれていて、朝早めに行くと人が少なくてよいものの、パンの種類があまりないことも。OURと印字されたトーストは看板メニュー。せっかく韓国にいるのだから日本にはないものを食べたいという方には、卵の中に青唐辛子が入っていてピリ辛に仕上げられた「エッグベーコン」、砂糖の甘さと胡椒の辛さが絶妙な「トマトデニッシュ」がおすすめです。ドリンクの人気メニューは、ビエンナコーヒーと抹茶ラテ。また、レッドベルベットラテもここでしか見たことがないので、ぜひお試しあれ。甘いコーヒーが好きな方におすすめです。こちらの店はカウンターもあるのでひとりでも過ごしやすく、ひとりで朝ご飯を食べている素敵なおじさまもいました。

イケメンスタッフが多いこの店。一番思い出深いのは、長身のイケメンが勤務終了後、ブラックスーツの私服に着替えて出て来たとき。ジャケットを羽織る姿がかっこよすぎて震えました(2回目)。

私はこの世界観が大好きで、気づけば渡韓のたびに行っていた気がします。こんなかっこいいベーカリーカフェ、日本にはない！ と当時衝撃を受けたので、恋でもしていたのでしょうかね。

 OUR bakery 烏山本店　아우어베이커리 도산본점
住所　ソウル特別市江南区烏山大路45キル10-11
(서울특별시 강남구 도산대로45길10-11)
電話番号　+82-2-514-6293
営業時間　月〜金曜／9:00-21:00
　　　　　　土日祝／10:00-21:00
定休日　旧正月、秋夕　**instagram** @ourbakerycafe

近くに来たら寄りたいレストラン

ユクミハク

熟成肉のモクサル(首の肉)が最高においしい、サムギョプサルの店。独特な酸味のあるミョンイナムル(日本語だと行者にんにく。韓国のサムギョプサル屋に行くとよく出てくる)を巻けば、さっぱりとしていくらでも食べられます。オリジナルのタレもおいしい。週末は混み合うので、時間をずらして早めに訪れるのがおすすめです。

ユクミハク　육미학
住所　ソウル特別市江南区烏山大路410
(서울특별시 강남구 도산대로 410)
電話番号　+82-2-3445-0488
営業時間　平日／11:30-14:30・16:00-23:00
　　　　　　土日／16:00-23:00
定休日　インスタグラム参照
instagram @yukmihak

PARRK

窓から、公園でジョギングや運動している人たちが見えることも。ソウルの人たちの生活がここでも垣間見られて、楽しい。

本好きにはたまらないアート書店

THANKS BOOKS（P102）が運営する書店。「QUEEN MAMA MARKET」というインテリア・雑貨店、カフェなどが入る複合施設の3階にあります。THANKS BOOKSよりもアート寄りの本がたくさん揃い、洋書やファッション本、海外のレシピ本、貴重な写真集など充実したラインナップなので、デザイナー、クリエイターのお客さんも多いよう。目で楽しめる本が多くて、楽しいのです。

PARRKは、本好きなら入った瞬間にきっとテンションが上がるはず。おしゃれな図書館のようでもあり、ギャラリーのようでもあり、ところ狭しと本が並んでいて、あらゆる本を読んでみたくなる場所です。ところどころに椅子が用意されているので、疲れたら座って本を読むこともできてさらに嬉しい。春夏は大きな窓から烏山公園の鮮やかな木々の緑を眺めることができ、テラスで風に吹かれながらのんびり本を読む時間は最高です。

狎鷗亭ロデオ 江南エリア

同じビルの4階にmanufact coffee 烏山店が。購入した本を、開放感のあるカフェで読むのもよし。私は本を購入したらお茶したい民族なので、カフェへGOしています。

珍しい装丁や、色合いが好みのものが多く、つい装丁買いしてしまうことも。ファッション本とレシピ本は海外のものが多数揃い、料理をするわけでもないのに手に取ってしまいます。

 PARRK 파크
住所 ソウル特別市江南区狎鷗亭路46キル50,3F
(서울특별시 강남구 압구정로46길 50,3F)
電話番号 +82-70-4281-3371
営業時間 火〜土曜／10:30-20:00
　　　　　　日曜／12:00-20:00
定休日 月曜　instagram @parrk.kr

map

近くに来たら寄りたいギャラリー

choeunsook art&life style gallery

器好きの方におすすめしたい、ライフスタイルギャラリー。韓国人作家の素晴らしい作品は、眺めているだけで気分が高揚します。中でも特に欲しいのが、美しい漆器・礎盤(韓国のお盆のようなもの)。韓国らしい艶やかで品のある色使いは、あまりに美しくてずっと眺めていたいほど。いつか買いたいと思いつつ帰路につくのですが、今年こそは！

map

choeunsook art&life style gallery
住所 ソウル特別市江南区狎鷗亭路80キル37
(서울특별시 강남구 압구정로80길 37)
電話番号 +82-2-541-8484
instagram @choeunsookgallery

Attic Salt

Day2

ピンクのテイクアウトボックスも可愛すぎるので、自分へのお土産にマカロンを買って帰りたいところ。マカロンはおいしいだけでなく、シックなペールトーンで色味まで綺麗。

ガーリーな雰囲気のマカロンカフェ

まあるい窓が素敵なシンプルなマカロンカフェ。窓から差し込む明るい光が気持ちよく、エネルギーチャージできそうな空間です。季節ごとに味が変わる8種類のマカロンは、ふたりの芸術家が「おもしろい素材をマカロンで表現しよう」と味はもちろんのこと、色感にも芸術的感性を盛り込み作ったもの。パリのlenôtreで学んだ技術を生かしながら、マカロンをしっとりとした食感と柔らかいクリームに仕上げ、老若男女から愛されるようにしているのだそう。少し懐かしい味のする、可愛いボトルミルクティーともよく合います。

Attic Salt 애틱쏠트
住所 ソウル特別市江南区宣陵路161キル18
(서울특별시 강남구 선릉로161길 18)
営業時間 12:00-18:00
定休日 日・月曜
instagram @atticsalt.seoul

map

Cette Saison

押鴎亭ロデオ 江南エリア

イートインは大きなテーブルで。ひとつのテーブルを囲む形なので、ほぼほぼ相席に近いスタイルです。

季節を感じられる小さなカフェ

Cette Saisonは「今この季節」という意味。その名前の通り、季節の材料を使ってデザートを作っています。秋ならモンブラン、苺シーズンには苺のデザート、バレンタインシーズンならチョコレートデザートという風に(もちろん季節と関係ないデザートも販売しています)。豪州・シドニーのル・コルドンブルーで勉強したパティシエが作るおいしい本格デザートです。わっぱの弁当箱に入った、テイクアウトスタイルも可愛い! 小さなこぢんまりとしたパティスリーです。

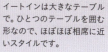
Cette Saison 쎄쎄종
住所 ソウル特別市江南区彦州路146キル39
(서울특별시 강남구 언주로146길 39)
電話番号 +82-2-507-7984
営業時間 12:00-20:00
定休日 日~水曜
instagram @cette_saison

map

江南麺屋 狎鴎亭本店 (アックジョン)

冷麺、ビビン麺とも相性抜群！3〜4人で行ったときは、カルビチム(小)、マンドゥ(餃子)、冷麺、ビビン麺をシェア。カルビチムはボリュームたっぷりなので、小でちょうどよいのです。

ほろほろカルビと冷麺は最強のカップル

1996年に、ここ狎鴎亭に本店を構えたカルビチム専門店「江南麺屋」。カルビチムとは、骨付きの牛カルビを醤油ベースの甘辛いタレで蒸し煮にしたもののこと。韓国によく行くようになってからこの料理を知ったのですが、ほろほろに煮込まれた柔らかい牛カルビと、甘辛い味付けがおいしくて、すっかりハマってしまいました。他にも支店があるものの、私は狎鴎亭本店が1番おいしいと思っています。

江南麺屋 狎鴎亭本店 강남면옥 압구정본점

住所 ソウル特別市江南区論峴路152キル34
(서울특별시 강남구 논현로152길 34)

電話番号 +82-2-3446-5539

営業時間 11:00-22:00 (L.O.21:40)

定休日 なし(旧正月・秋夕は短縮営業あり)

map

XIAO ZHAN 狎鴎亭本店
アックジョン

狎鴎亭ロデオ／江南エリア

近くにはH&Mが展開するブランド「&Other stories」が。ここのボディケア用品とコスメはコスパがよく、パッケージも素敵です。

おしゃれな店で本格台湾料理を

狎鴎亭ロデオに位置する、K-POPグループ・Super Juniorの元メンバー、ヘンリーがオーナーの台湾料理店。台湾のレトロな雰囲気も残した、おしゃれな内装とインテリア。"大好きなヘンリーの店"という理由で最初はミーハー気分で行ったものの、料理がおいしかったので、よく足を運んでいます。濃厚なスープとコシのある麺がおいしい担々麺と、肉汁たっぷりであつあつの小籠包がおすすめです。台湾の青島ビールで乾杯！カウンターがあるので、昼はひとりでも割と入りやすい店です。

XIAO ZHAN 狎鴎亭本店 샤오짠 압구정본점
住所 ソウル特別市江南区宣陵路157キル23-3
(서울특별시 강남구 선릉로157길 23-3)
電話番号 +82-2-518-4427
営業時間 11:30-14:30・16:30-21:00
定休日 インスタグラム参照
instagram @xiaozhaneats

map

MILESTONE COFFEE

52

週末はカップルや大人女子グループ、平日はひとりで来ている女性や仕事仲間であろうグループが多く、「映え」とは距離感のある大人カフェ。

おいしいコーヒーとリラックスできる空間

カロスキルのメイン通りから少し小道に入った場所にある、MILESTONE COFFEE。カロスキルという場所柄、観光客が多いかと思いきや、ソウルっ子たちが集うローカル感たっぷりのカフェです。コーヒーもパンもおいしくて、友達と食後のコーヒーを飲みに、仕事をしに、ひとりで読書をしにと様々なシーンで使えます。

白熱灯ではなく電球色の照明、ナチュラルな木製家具、心地よい音楽。カフェを包むすべてが静かで落ち着いたトーンで、心からくつろいで過ごすことができる、都会のオアシスのような空間です。コーヒー豆は焙煎機でローストし、ブラックコーヒー用・ホワイトコーヒー用・水出しコーヒー用・ハンドドリップ用と、飲み方に合わせて豆をすべて変えているのだそう。この店では、コーヒー好きの方はラテを頼むことが多いのだとか。店主お手製の「ALMOND CROISSANT」はぜひ食べてみて欲しい！ さくふわな食感とほのかな甘みが絶妙で、コーヒーにぴったりの一品です。

カロスキル・新沙
江南エリア

バリスタ歴10年のキャリアを持つ社長のヒョンジュンさんが2014年にオープン。20代の頃に住んでいたオーストラリアのカフェ文化に影響を受け、当時まだチェーン店ばかりだった韓国で「小さくて雰囲気のよいカフェをやりたい」と思い、店を出すことにしたのだそう。

店で使用しているコーヒー豆は、すべてオンラインショップからも購入可能(韓国国内に限る)。店頭で販売しているドリップコーヒーパック(9000ウォン)はお土産におすすめ。

MILESTONE COFFEE　마일스톤 커피
住所　ソウル特別市江南区論峴路159キル49
(서울특별시 강남구 논현로159길 49)
電話番号　+82-70-4219-1195
営業時間　月〜土曜／11:30-22:30 (L.O.21:50)
　　　　　　日曜／11:30-22:00 (L.O.21:20)
instagram　@milestone_coffee

map

67SOHO

ドリンクは紅茶の茶葉が5種類、アップルサイダーなどのジュースもあり充実。看板メニューは風味豊かな「Cinnamon Au Lait」。

ソウルの67番地で小さなロンドンを体感

店の看板メニュー「Savory Egg Crepe」がインスタグラムで話題となり、オープンから約2ヶ月で一躍人気カフェに。可愛いグリーンのドア、木の温もりを感じられるテーブル、ヴィンテージのインテリアとレトロな雑貨があちこちに。こちらのカフェの個人的おすすめメニューは、フレンチトースト。フワンフワンの柔らかなトーストと卵が相性抜群。香ばしく自然な甘さでとってもおいしいんです。フードスタイリストであるオーナーのパク・スジさんは、なんと元銀行員。食べることも料理も大好きだったので、フードスタイリストへと転向したのだそう。幼い頃育った街・ここ論峴洞67-9番地(地番住所)に、小さなロンドンを感じられるようなカフェを作りました。韓国カフェは流行の移り変わりが早く、インスタグラムで話題になっても一瞬で消えてしまう店も多いですが、67SOHOは何度も足を運びたくなる変わらない温かさと魅力があります。

カロスキル
江南エリア
江南・新沙

「料理に対する愛情なら誰にも負けない」というスジさん。ロンドンでの料理修業は涙が出るほど厳しかったそうですが、その経験が素敵なカフェを作り上げているんだなと実感。

インテリアデザインは、スジさんと弟さんがセレクトしたもの。ロンドンのカフェを思い出しながら、ヴィンテージ雑貨ひとつひとつを方々から探して集めたこだわりのインテリアです。

67SOHO
住所 ソウル特別市江南区烏山大路30キル21-3
(서울특별시 강남구 도산대로 30길 21-3)
営業時間 水〜金・日曜／11:00-19:00
土曜／11:00-20:00
定休日 月・火曜
instagram @chezsusie

近くに来たら寄りたい雑貨店

CHAPTER1 SELECT

国内外から集めた、ハイセンスな家具と雑貨が揃うセレクトショップ。さすが江南と言わんばかりの高級家具は、買えずとも眼福なので、時折覗きたくなる店です。食器や雑貨はお手頃価格のものもあるので、くまなくチェックを。

CHAPTER1 SELECT 챕터원 셀렉트
住所 ソウル特別市江南区
論峴路151キル48
(서울특별시 강남구 논현로151길 48)
電話番号 +82-2-517-8001
営業時間 月〜金曜／11:00-19:00
土曜／13:00-19:00　**定休日** 日曜
instagram @chapter1_official

r.about 新沙店
シンサ

日本語を少し話すことができるメガネ姿の優しいバリスタ。本書内で度々「優しい」と言っていますが、韓国カフェのスタッフは本当に驚くほど優しい人が多いので、しつこく伝えていこうと思います。

日替わりで楽しむ本格コーヒー

梨泰院エリアで紹介したr.about（P20）の最新店、新沙店。江南・カロスキルはシンプルでローカルなこぢんまりとしたコーヒーショップがあまりなかったので、カロスキルに出来たと知るや否やすぐに行ったほど嬉しかったものです。「目新しい見た目がよいだけのトレンディなコーヒーメニューよりも、コーヒーの味を最大限引き出せる基本のコーヒーメニューに集中して、お客様に提供したい」というこだわりがある店。毎日コーヒー豆の種類が替わるので、行くたびに楽しめます。

r.about 新沙店 아러바우트 신사점
住所 ソウル特別市江南区烏山大路15キル24
（서울특별시 강남구 도산대로15길 24）
電話番号 +82-70-8872-1351
営業時間 11:00-20:00
定休日 インスタグラム参照
instagram @r.aboutcoffee

map

BACKEN

カロスキル・新沙
江南エリア

人気メニューのクロワッサンは、硬い食感が癖になるおいしさ。結構ボリュームがあるので、食べ切れない場合はテイクアウトに。

ブルックリンを感じさせるベーカリー

韓国初の「Stuffed Bread（バゲットの中をくり抜いて具材を詰めたもの）」専門店。フランクフルト発のコーヒーロースターLa Colombe Coffeeとクラフトビールが楽しめるベーカリーです。ブルックリンスタイルの内装は、バーのようなかっこよさ。たくさんの種類の中からパンを選んで、カウンターでお会計の際に好きなドリンクをオーダー。ちなみに、La Colombe Coffeeのテイクアウトカップが素敵で、自宅用にも欲しいなと狙っています。

BACKEN 바켄

住所　ソウル特別市江南区狎鴎亭路108
（서울특별시 강남구 압구정로 108）
電話番号　+82-2-516-8889
営業時間　火～土曜／11:00-21:00
　　　　　日曜／10:30-20:00
定休日　月曜
instagram　@backen_bakerycafe

map

OUR bakery カロスキル店

サンドウィッチなど軽食メニューも豊富。カロスキルにありますが、平日は現地の大人も多いです。ブランチや休憩にぴったり。

シンプルモードなベーカリーが登場

2018年にオープンしたOUR bakeryカロスキル店。巨大なログハウスのような外観を初めて目にしたとき、今までに見たことがないスタイルが新鮮で、チェーン店が乱立しすっかり観光地となってしまったカロスキルに、スタイリッシュなカフェが出来たことが嬉しかった覚えがあります。「お前はカロスキルの一体何なんだよ」と思われるかもしれませんが、10年ほど前のカロスキルはもっと個人商店が多く、今とは違う楽しさがあったのです。買い物途中にちょっと寄ってお茶するにも、カロスキル散策中に小腹が空いたときに軽く食事するにも使えるので、とても便利で「アジュ！ ナイス！」（とてもいい！）。いつもながらセンスのいい、OUR bakeryの内装とインテリアに惚れ惚れ。週末は特に混みますが、平日も人が入れ替わり立ち替わり入ってきて、賑わっています。韓国らしいインジョルミ（きな粉餅）クロワッサンが人気メニュー。

1階ではPOP UPイベントなども定期的に開催しています。いつもパッケージデザインが最高に可愛いので、ぜひ店のインスタグラムはこまめにチェックして行ってみて。

パックに入ったアイスミルクティー（5300ウォン）はどこか懐かしい味わい。ハングルの母音だけをとったロゴもおしゃれです。

 OUR bakery カロスキル店　아우어베이커리 가로수길점
住所　ソウル特別市江南区江南大路162キル39
（서울특별시 강남구 강남대로162길 39）
電話番号　+82-2-546-3800
営業時間　11:00-22:30
定休日　インスタグラム参照
instagram　@ourbakerycafe

 map

近くに来たら寄りたい服飾店

colette9

カロスキルへ行くたびにチェックしているヴィンテージショップ。ここにしかないデザインや、心ときめくアイテムを探すのは、ヴィンテージならではの楽しみ。ハイブランドの商品が多く、状態もよいので、宝探しのようにお気に入りを見つけたくなります。ヴィンテージは肩パッドが入っていることも多く、着てみないと形がわからないので、必ず試着を。

colette9
꼴레뜨나인
住所　ソウル特別市江南区
狎鴎亭路14キル28
（서울특별시 강남구 압구정로14길 28）
電話番号　+82-2-542-9010
営業時間　11:30-21:30
定休日　なし
instagram　@colette9_official

map

tea collective 三成店
サムソン

茶葉の香りを試しに嗅ぐこともできます。自分が今何を欲しているのか、身体の声を聴きながらじっくり選んでみるのはいかがでしょう。

景色も最高の ゆるゆる癒しカフェ

狎鴎亭ロデオにあった、お茶と器を楽しめる上質なカフェtea collectiveが移転し、三成へ。新店舗は、ビルの17階にあるので開放感抜群。空が近く、太陽の光をめいっぱい浴びることができます。木漏れ日に癒される緑たっぷりのカフェです。そして何といっても、ソウルの街並みを一望できる景色が最高。窓際の席に座ってお茶をしているだけで、最高に幸せな気分になれます。
お茶専門カフェなだけに緑茶、五味子茶(オミジャ)、柚子茶、よもぎ茶、ブレンディングティーやビタミンティーなど、種類豊富なお茶が揃っています。その他に、ミルクシェイクやコーヒーなどのドリンクも。韓国では冬になると、体を温めるためによもぎ茶を飲む習慣があるそうで、カフェでも冬になると季節のメニューとしてよもぎラテを提供している店も多くあります。冷え性の方には、よもぎ茶もおすすめ。この日は風邪気味だったので、柚子ビタミン茶を注文しました。素敵な器でお茶をじっくり楽しめる、大人のための上質なカフェです。

無機質な壁に、ナチュラルな木製家具とラタン椅子。テイストが違うインテリアが調和した、心地よい空間です。お茶を淹れているところを見ていると、なぜだか癒されます。

茶葉はセットでも単品でも販売しているので、お土産やプレゼントにもおすすめです。ナチュラルなラッピングが可愛い。

tea collective 三成店　티컬렉티브 삼성점
住所　ソウル特別市江南区奉恩寺路449,17F
(서울특별시 강남구 봉은사로 449,17F)
電話番号　+82-2-6918-8255
営業時間　平日／11:00-23:00 (L.O.22:00)
　　　　　　土日／12:00-21:00 (L.O.21:00)
定休日　インスタグラム参照
instagram　@tea_collective

map

近くに来たら寄りたいスパ

Premier spa CHUNG DAM

確かな技術と真っ白なラグジュアリー空間で、心からくつろぐことのできるスパ。プチプラのマッサージなら日本でも受けることができるので、せっかくの旅行ならちょっとお金を出してでも最上の時間を過ごせるスパに行きたい！　というのが持論。結果的にコスパのよさを実感でき、満足度も高く、来てよかったと思えるサロンです。

Premier spa CHUNG DAM
프리미어 스파 청담
住所　ソウル特別市江南区
烏山大路457
(서울특별시 강남구 도산대로 457)
電話番号　+82-2-3443-5515
営業時間　10:00-翌3:00
定休日　なし
instagram　@chungdam_premier_spa

map

SPA1899 大峙本店 (テジ)

1時間120000ウォン〜。メールか電話で予約すると10%オフになり、TAXFREEも使えます。いつ行っても心から癒される、安心と信頼のスパ。日本語が通じるスタッフがいることも。

韓国文化を感じる癒しスパ

三成駅から緩やかな坂道を登ること10分。大きなビルの地下2階にあるSPA1899。有名店なのでご存知の方も多いと思いますが、私もここのファンのひとり。シックでラグジュアリーな空間は、施術を受ける部屋までホテルのよう（シャワーも部屋の中にあり）。とにかくエステティシャンの技術が高く、間違いないと、韓国に遊びに来た友人にもおすすめしまくり。韓国のスパは安いものから高いものまでピンキリですが、少しお金を出した方が結果的にコスパがよく、良質な旅時間を過ごせると思います。

SPA1899 大峙本店 스파1899 대치본점
住所 ソウル特別市江南区永東大路416 KT&Gタワー B2F
（서울특별시 강남구 영동대로 416 케이티앤지 서울사무소 B2층）
電話番号 +82-2-557-8030
営業時間 9:00-23:00
定休日 なし **URL** http://www.spa1899.kr/
＊日本語版サイトあり

map

夢空間！SMTOWN

BoA、東方神起、Super Junior、少女時代、SHINee、EXO、Red Velvet、NCTなどアジアのトップアイドルを輩出し続ける韓国最大手の芸能事務所SMエンタテインメント（以下、SM）。そのSMがプロデュースするエンタテインメント空間「SMTOWN@coexartium」はまさにSMF（SM Familyの略＝SMに所属するアーティストのファンの名称でもある）の聖地。初めて訪れたときは想像以上に巨大な建物に圧倒され、右を見ても左を見ても愛するEXOに囲まれている状況に大興奮。入り口にはミュージックビデオが流れ、アーティストたちのグッズや愛用品、最上階にはホログラム公演を堪能できるシアター、SUM CAFEにはグループ名が入ったスイーツにアーティストのサイン入りテーブルと椅子……こんな幸せな空間が他にあるだろうか？ いや、ない。私の墓はここだ！ と夢溢れる、私にとってのディズニーランド。K-POPに興味のない方も、試しに一度体験してみて欲しい空間です。

Day3

弘大エリア

延南洞
延禧洞
望遠洞
弘大
新村
合井

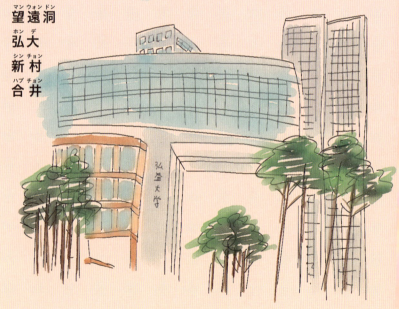

Access memo

地下鉄空港線で金浦空港から約14分、仁川空港から約52分と、乗り換えなしで行くことができる嬉しい立地。弘大に行くなら、地下鉄移動でも楽です。

若手クリエイターと学生の街・弘大。
韓国で1番大きな芸術大学・弘益大学があり、
主に10〜20代前半の若者が集う、渋谷と原宿のような街です。
週末は特に若者たちで賑わい、まるでお祭りのよう。
ただ、中心地から少し離れた延南洞や延禧洞は、喧騒から離れた静かな場所。
最近は延南洞がカフェのホットスポットとして、特に人気です。
私は閑静な住宅街にひっそりと佇む、延禧洞のカフェが大好き。
静かに本を読めて、落ち着いて過ごせるカフェが多いのです。

Saliy's voice
弘大エリアでカフェを巡るなら、がっつり1日使った方が効率よし！

Cafe Layered 延南店(ヨンナム)

オープン当初から、週末はウェイティングで入れないほどの賑わいをみせた人気カフェ。特に、窓辺の席が争奪戦なのだとか……。

ロマンティックな女心を掴まれるカフェ

今やすっかりカフェのホットスポットとなった延南洞に2018年末オープンした、Layered 延南店(1号店は安国駅(アングク)にある)。
外観を見た瞬間に胸をときめかせてしまう、欧州映画や物語の中に出てくるような煉瓦造りの一軒家。女心を掴むロマンティックな演出が素晴らしく、窓辺にずらりと並んだケーキたちは「全部食べたい!!!」と、所有欲に駆られるほどの可愛らしさ。どれにしようか悩みすぎて頭が沸騰しそう……。見た目の可愛さだけでなく、意外と甘さは控えめで、味もバッチリおいしい。それもそのはず、デザートを作っているパティシエは、ル・コルドンブルー出身のオーナー。欧州のおばあさんが家庭で作るデザートのように、気楽に食べてもらえるものを作りたくて、日々頭を悩ませながら改良し続けているのだそう。英国で活動するもうひとりのオーナーがインテリアを担当しているため、ヨーロッパの素敵な家庭に遊びに来ているかのような異国感を味わうことができます。

延南洞 / 弘大エリア

Layeredという名前の由来は、1号店のある北村(プッチョン)が韓屋を改装しているため、他の服をレイヤード(重ね着)するように、韓屋に欧州式デザートをレイヤードするという意味を持っているのだそう。なるほど！

ケーキはひとつのサイズが大きいため、できれば数人で訪れていろいろな種類を少しずつ食べたいもの。時間がなくてゆっくりできないときは、テイクアウトもおすすめです。

Cafe Layered 延南店 카페 레이어드 연남점
住所 ソウル特別市麻浦区ソンミ山路161-4
(서울특별시 마포구 성미산로 161-4)
営業時間 11:00-20:00
定休日 インスタグラム参照
instagram @cafe_layered

map

wendy and B.red

Day3

68

ディスプレイされているガラスの器が、陽の光でキラキラ光って幻想的。キッチンも、まさにフランス映画に出てきそうな空間です。

フランス映画のようなワインを楽しむ隠れ家

延南洞の路地裏にある小さなアパートの急な階段を上り、空色のドアを開けると、こぢんまりとした素敵なバーがあります。まさに隠れ家バーという言葉がふさわしい「wendy and B.red」。名前の由来は、店主がご主人を英語で呼ぶときのニックネームWendyと、BにはBar、redはワインの色という意味を含ませているそう。ご主人のニックネームをつけるなんて、愛……。バーなのでコーヒーやソフトドリンクは取り扱っておらず、ワインのみ。私はお酒が弱いのでワインは飲めないかも……と店主に相談すると、「アルコール成分5%のジュースのようなワインがあるから、それはどう？」とおすすめされ、オーダー。本当にジュースのようで、おいしくてスルスルと完飲（が、その後もちろんゆでダコのようになった）。印象的な淡いピンクベージュが美しい壁は天然石を使用していて、随所にこだわりが見られます。フランスの民家をイメージし、インテリアコーディネートされているそうです。

延南洞 / 弘大エリア

予約は前日の10時から可能。運がよければ予約なしでも入れますが、予約していくのがベター。インスタグラムで予約のDMを(英語・韓国語のみ対応)。

看板メニューのパスタは、店主が研究を重ねたもの。ドリンクメニューはアルコールのみなので、お酒が飲める方か、飲めないけど雰囲気に酔いたい方向け。春秋はテラス席もあります。

wendy and B.red 웬디 앤 브레드
住所 ソウル特別市麻浦区ソンミ山路190-11
(서울특별시 마포구 성미산로 190-11)
営業時間 火〜金曜／14:00-21:00 土曜／13:30-22:30
定休日 日・月曜
instagram @wendyandbred
＊予約は前日10時よりインスタグラムのDMで

map

近くに来たら寄りたいスポット

京義線スッキル公園 (延南区間)
キョンウィ

廃線跡地を公園化するプロジェクト「京義線スッキル」、その延南洞区間がこちら。延南洞のカフェへ行くときは、弘大入口駅3番出口から出て、この公園を散歩しながらカフェまでの道のりを楽しむのがお気に入り。犬の散歩をしている人や、春秋はピクニック、夏はチメクを楽しむ人たちと、ソウルの人々の暮らしを垣間見られる大好きな場所です。

map

京義線スッキル公園 (延南区間)
경의선숲길공원 (연남구간)
住所 ソウル特別市麻浦区楊花路23キル 一帯
(서울특별시 마포구 양화로23길 일대)

Fluffy Donuts

テイクアウトの袋まで可愛すぎる。この袋を持って弘大で買い物をしていたとき、アパレルスタッフのお姉さんから「可愛い！ それどこの店？」と聞かれたことも（笑）。

シンプル×カフェ×アメリカンドーナツ

Cafe Layered 延南店（P66）のすぐそばにある、シンプルなアメリカ式ドーナツカフェは、色鮮やかなドーナツとコーヒーが楽しめる小さな店。ビッグサイズなドーナツの食感はふんわり。サイズが大きいからこそ、油にこだわり、パンの食感にも気を配っているのだそう。カフェブームの韓国で、どんなカフェを作るかを悩んでいたとき、たまたまアメリカ旅行から帰国したばかりのお兄さんの土産話からインスピレーションを得て、アメリカ式のドーナツカフェを開店しようと決めたのだとか。

Fluffy Donuts 플러피도넛
住所　ソウル特別市麻浦区ソンミ山路163
（서울특별시　마포구　성미산로163）
電話番号　+82-2-336-7065
営業時間　11:30-22:00
定休日　インスタグラム参照
instagram　@fluffy.doughnut

map

Cafe skön

延南洞 / 弘大エリア

可愛い雑貨が多く、特に必要なくても買いたくなります。カラフルなキャンドルやグラスが並ぶ棚は、そのまま家に設置したいくらい。

赤い扉が目印のスイーツカフェ

一軒家をリノベーションし、1階はネイルサロン、2階はカフェ＆雑貨店となっていて、小さな複合施設のよう。大きな窓から差し込む日差しが気持ちよく、夕暮れどきは店内が橙色に染まってとても綺麗。看板メニューのフレンチトーストは、耳はさっくり、中はもちっとしていて絶品。果物ドリンクも豊富で、レモンケーキやクッキーは絵本から飛び出てきたように可愛い！ なぜだかここは、カラット（SEVENTEENというK-POPアイドルのファンの名称）さんが好きそうだなと感じています。

Cafe skön 카페스콘
住所 ソウル特別市麻浦区ソンミ山路172
（서울특별시 마포구 성미산로 172）
電話番号 +82-2-323-7076
営業時間 10:00-22:00
定休日 インスタグラム参照
instagram @cafe_skon

map

moment coffee 2号店

焼きパンセットがあるのは2号店のみ。他に、ふわふわたまごサンドもおいしい。パンに印字されているロゴが、これまた可愛いのです。

可愛いパンが目印 モーメントコーヒー

看板に日本語で書かれた「モーメントコーヒー」という文字に、ゆるいイラスト。日本の雑貨もあちこちに置かれています。ここの看板メニューは、何といっても「焼きパンセット」(ハングルでそのままヤキパンセットと書いてある)。ガスコンロに敷いた網の上で、パンを焼き焼き。ひとりで焼いている光景はなかなかシュールだなと思いつつも、「あついあつい」と言いながら一生懸命パンを焼いたのはいい思い出です。パンはすぐに焼けるので、焦げないようにご注意を! ひとりでももちろんおいしいけど、友達と一緒だとなおのこと楽しくて2倍おいしいので、できれば友達と行きたいカフェです。

焼きたてパンのトッピングは半熟卵、トマトジャム、スイートポテト。スープはセレクト可能で、つけてもつけなくても大丈夫(とてもおいしいので、つけるに一票)。トッピングとスープ、ドリンク全部で20000ウォンほど。昔からチャレンジしてみたかった網焼きパンを、まさか韓国でできるなんて! と感動。

延南洞 / 弘大エリア

店内には大橋歩さん、益田ミリさんの書籍も。ひとりで来ても読書できるのが嬉しい。日本人スタッフもいるので、韓国なのに日本にいるような感覚に陥ります。焼きパンセットはインスタグラムでも話題になり、人気のあまり1時間待ちだったことも。

ストロベリーラテやメロンソーダなど、甘いドリンクも豊富。ドリンクだけでお腹いっぱいになりそうな、ボリュームたっぷりのサイズ感。焼きパンセットをひとりで食べると、甘い系のドリンク完飲は厳しいかも？

moment coffee 2号店　모멘트커피 2호점
住所 ソウル特別市麻浦区ワールドカップ北路4キル29
（서울특별시 마포구 월드컵북로4길29）
電話番号 +82-70-8660-5287
営業時間 10:00-21:00
定休日 インスタグラム参照
instagram @moment___coffee

map

Day3

search hall

74

焼き菓子はすべてハンドメイド。気候のよい時期は屋上のテラス席へ行くと、ゆったりとした気持ちでくつろげます。2階のソファー席はカップルの溜まり場になりがちなので、足早に去りました。

洗練された静かな空間 大人女子に推したい店

クリーム色とベージュトーンで統一された、シンプルな雰囲気。インテリアには荒いけど温みのある「トラバーチン」という天然大理石が使われており、とろんとした柔らかさと洗練された雰囲気をもたらしています。静かな空間で休めるようにと、余裕を持った座席配置に設定されていて、ゆったり過ごすことができるカフェです。スツールやソファー、テーブルなどのほとんどが、韓国のデザイン家具制作会社・design2tone studioで作られたオーダーメイドのもの。大人の女性におすすめしたい上質な店です。

🏠 **search hall** 서치홀
住所 ソウル特別市麻浦区東橋路23キル98-9
(서울특별시 마포구 동교로23길 98-9)
電話番号 +82-2-332-4041
営業時間 平日／12:00-21:00 土日／12:00-22:00
定休日 月曜
instagram @cafe_search_hall

map

CABINET

延南洞 / 弘大エリア

おいしいトーストはテイクアウトにもおすすめ。パッケージも、内装のダークトンカラーも可愛いカフェです。

ベーカリーカフェであつあつトーストを

クッキングツールやパン作りの材料まで揃うベーカリーカフェ。キューブ型のトーストが看板メニューです。自宅用にパンを購入する人も多く、テイクアウトのカップもユニーク。口が開くか心配になるほど分厚い「バタートースト」は、バターと砂糖、ハチミツのシンクロが最高！ おいしさのあまり、「"10点 満点に 10点〜〜〜！(「10点満点で10点」K-POPグループ・2PMのデビュー曲)」と歌い出してしまいそう。料理好きの方はもちろん、小腹が空いたときやブランチにぴったりのカフェです。

 CABINET 캐비넷
住所 ソウル特別市麻浦区ワールドカップ北路6キル78
(서울특별시 마포구 월드컵북로6길 78)
電話番号 +82-2-322-2802
営業時間 12:00-22:00
定休日 インスタグラム参照
instagram @cabinet_official

map

horizon16

ガラスケースに並ぶ、マカロンにパウンドケーキ。包装紙がこれまた素敵で店頭でうなりがち。レモンパウンドケーキはレモンの酸味が爽やかです。

月の半分だけ営業するテイクアウト専門店

1ヶ月のうち16日だけオープンしている菓子店。テイクアウト専門で、私が訪問したときは週末だったこともあり、店の中はお菓子を買う人たちでぎゅうぎゅうに。パティシエという仕事柄、仕事と休息の分け方が難しいと感じていた店主。韓国でもワークライフバランスが大切なのではと思い立ち、実行することにしたそうです。空と海を分ける基準となる水平線(horizon)のように暮らしてみたいという思いから、1ヶ月に16日だけ営業し、そこから店もhorizon16と名付けたのだそう。営業日は店の扉に貼ってあるカレンダーとインスタグラムで告知しています。

お菓子を買ったらその足で近くの京義線スッキル公園(P69)へ向かい、ピクニックするのも最高。夏冬は暑さと寒さでさすがに厳しいけど、気候のよい春秋は芝生にシートを敷いてゴロゴロ読書したり、おしゃべりしたりと、暮らすようにソウルを楽しむことができますよ。ただしミセモンジ(微細分塵。PM2.5など)と鳩には要注意。

延南洞 / 弘大エリア

空港線近くなので、帰国日に立ち寄ってお土産に購入しても◎。1ヶ月のうち16日しか営業していないので、営業日はインスタグラムで必ず事前に確認を！

店内にはレコードがずらり。よくあるデザートショップにはしたくなかったので、音楽も一緒に楽しめる店にしようと考えたのだそう。お菓子を選びながら、流れる音楽にも耳を傾けてみて。

horizon16　호라이즌16
住所　ソウル特別市麻浦区ソンミ山路29キル46
（서울특별시 마포구 성미산로29길 46）
営業時間　平日／12:00-19:40　日曜／12:00-18:30
定休日　インスタグラムで告知
instagram　@horizon16_

map

近くに来たら寄りたいカフェ

their coffee

ソウルでピクニックといえばこちら。可愛いピクニックセットを販売しているカフェ。おにぎりにサンドウィッチ、ウィンナー、卵焼きという、思わず「母さん！」と叫びたくなるラインナップです。デザートとドリンクまでついて1人分10000ウォン。店のインスタグラムに名前・人数・受取日を記入の上、3日前までにDMで注文を（韓国語・英語のみ対応）。

their coffee　데얼커피
住所　ソウル特別市麻浦区延南路3キル23
（서울특별시 마포구 연남로3길 23）
電話番号　+82-2-336-0503
営業時間　12:00-21:00
定休日　木曜
instagram　@their_coffee

map

coffee nap roastars
延南店(ヨンナム)

テイクアウトのお客さんが多く、犬連れOKなので犬の散歩途中の方もいます。暖かい季節なら外のベンチでコーヒータイムを。ひとりでも気軽に寄れるので、ひとり旅女子にもおすすめです。

レンガの階段が目印 街のコーヒーショップ

小さな家のような可愛らしいカフェ。店の中にはレンガで出来た坂道があり、初めて見たときは座ればいいのか写真用なのかとまどったものの、コーヒーを座って飲めるスペースなのだとか。暑い初夏に飲んだアイスカフェラテがとてもおいしくて、一瞬で完飲。看板メニューは「cream.B」というラテ。コーヒーは6種類の豆から選ぶことができるので、コーヒー好きの方はきっと楽しいはず。混んでいて座るスペースがないときは、テイクアウトして公園のベンチでコーヒータイムを楽しんでも。

🏠 coffee nap roastars 延南店 커피냅로스터스 연남점
住所 ソウル特別市麻浦区ソンミ山路27キル70
(서울특별시 마포구 성미산로27길 70)
電話番号 +82-2-332-4131
営業時間 9:00-22:00
定休日 なし
instagram @coffeenap_roasters

map

little press coffee

延南洞 / 弘大エリア

「モカエキスプレス」は、イタリア・ビアレッティ社の商標で、沸騰した水の蒸気圧でコーヒーを抽出する、直火式のエスプレッソ・メーカー。

モカエキスプレス専門 こだわりの一杯を

豆の段階からカップで提供されるまで、品質管理が徹底されているスペシャリティコーヒーを使用する、モカエキスプレスの専門店。モカエキスプレスで抽出したコーヒーだけ提供しています。新鮮なスペシャリティコーヒーを独自のブランディングで焙煎し、常に品質のよい、おいしいコーヒーを楽しんでもらえるようにこだわっているのだそう。通勤前にふらっと立ち寄れるような気楽さのある、小さな街のコーヒー屋さんといった印象。こんな店が近所にあったら最高！といつも思っています。

🏠 little press coffee 리틀프레스커피
住所 ソウル特別市麻浦区ソンミ山路200
(서울특별시 마포구 성미산로 200)
電話番号 +82-70-5033-0042
営業時間 木〜土曜／11:00-20:00
　　　　　　日〜水曜／11:00-17:00
定休日 インスタグラム参照　**instagram** @little.press.coffee

map

manufact coffee 延禧本店(ヨニ)

manufact coffee独自のオリジナル焙煎。コールドブリューの瓶が素敵です。

コーヒーにこだわる人気のローカルカフェ

弘大入口駅からバスで10分ほど、観光客の少ないローカルな場所・延禧洞。落ち着いたカフェが多く、大好きなエリアです。そんな延禧洞の住宅街の一角にある、本格コーヒーショップがmanufact coffee。こぢんまりとしたアットホームな雰囲気もありつつ、コーヒーへのこだわりを随所に感じられる空間です。オリジナルの焙煎で淹れられたドリップコーヒーはとてもおいしく、ラテが好きな方におすすめなのがフラットホワイト。まろやかさと苦味のバランスが絶妙です。

いつもお客さんが多いものの、朝ご飯代わりやランチ後にサクッとコーヒーを飲みに来ている人が多いので、回転は速いです。小さな店内にはひっきりなしにお客さんが入れ替わり立ち替わり。ピークタイムは特に人が多いため、ちょっと時間をずらして行くのがベター。ただ、こちらは「のんびりお茶する」というよりも「コーヒーを楽しむ」カフェのように思えるので、ゆったり過ごしたい方には不向きかもしれません。

弘大エリア 延禧洞

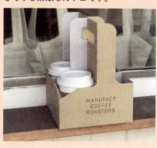

江南区・烏山公園すぐそばにあるQUEENMAMA MARKET4階にも店舗あり(PARRKの上階・P46参照)。こちらの店舗は天井も高く、広々とした空間。天井から光が差し込み、緑も多く、光合成できそうな素敵なカフェです。

チケット売り場のようなカウンターが特徴。コーヒー豆やオリジナルマグカップ、コーヒーグッズまで販売しているので、家でもmanufact coffeeの味を楽しむことができます。

manufact coffee 延禧本店 매뉴팩트커피 연희본점
住所 ソウル特別市西大門区延禧路11キル29
(서울특별시 서대문구 연희로11길 29)
電話番号 +82-2-6406-8777
営業時間 9:00-18:00
定休日 日曜
instagram @manufactcoffee

map

近くに来たら寄りたいレストラン

meals

manufact coffeeから徒歩1分。女性ふたりが営む小さなレストラン。ひとりでも入りやすく、にんにくの効いたパスタも、あつあつのパンもおいしい。おいしい食事と優しい心遣いにほっとできるので、ひとり旅の方にもおすすめしたい店です(韓国は日本のようにランチメニューがある店はほぼなく、基本昼夜値段が変わらない)。

meals 밀스
住所 ソウル特別市西大門区延禧路11ガキル3
(서울특별시 서대문구 연희로11가길 3)
電話番号 +82-2-6203-4119
営業時間 11:00-16:30
定休日 日曜
instagram @our__meals

map

Day3

B-hind remain

82

すぐ隣には書店のyour-mind (P84) が。本屋をぶらりと散策したあとに、コーヒータイムはいかがでしょう？ ひとりで来ている現地の女性が多く、仕事をしている人、本を読んでいる人と過ごし方は様々。

韓国カフェの老舗
2001年創業

流行り廃りの激しい韓国で、2001年から営業を続けているカフェB-hindの2号店。おいしいコーヒーとデザートを提供し続けている実直な店です。韓国で人気のキオスクフレンチトーストを食べられることでも有名で、カフェ巡り中にぴったりな小ぶりなサイズがあるのも嬉しい。写真のシュガーストロベリーの他にもピーナッツバター、アーモンドハニークリームチーズなど全部で5種類ほどあります。閑静な住宅街の静かなカフェでおいしいコーヒーを飲める幸せを感じる、居心地のよいカフェです。

B-hind remain 비하인드 리메인
住所 ソウル特別市西大門区延禧路11ラキル10-6
(서울특별시 서대문구 연희로11라길 10-6)
営業時間 11:00-21:00
定休日 インスタグラム参照
instagram @b_hind2001

map

dawny coffee

延禧洞 / 弘大エリア

手作りの抹茶ケーキはしっとり濃厚でおいしい！日本のカフェも大好きな店主は、東京のKOFFEE MAMEYAのような店を目指したそう。

いろいろな角度から楽しめるコーヒーバー

店に入ると子熊のような真っ黒な看板犬が迎えてくれる、カウンターバーのあるコーヒーバー&ロースタリー。急速に変化しているコーヒー市場において、多様な産地と品種のコーヒーをお客さんに味わってもらい、コーヒーの情報を的確に伝えるためにカウンターバーを作ったのだそう。気軽に飲めるデイリーコーヒーから、マニアックな人のための特別なコーヒーまで揃え、いつも最上の一杯を提供しようとしています。朗らかな店主と可愛い看板犬にも癒されるカフェ。

dawny coffee 더니커피
住所 ソウル特別市西大門区延禧路11キル41
(서울특별시 서대문구 연희로11길41)
電話番号 +82-10-3049-6339
営業時間 11:00-20:00
定休日 水曜
instagram @dawnycoffee

map

your-mind

日本のアートブックフェアにも出店しているyour-mind。作品や世界観に触れることができる機会なので、こちらもよければ行ってみてください。

3匹の猫が散歩する個人出版オンリー書店

2007年にオンラインショップからスタートした、個人出版物だけを取り扱う書店。THANKS BOOKS（P102）と並ぶ韓国独立型書店ブームの草分け的存在であり、2009年からソウルで毎年行われているアートブックフェア「UE（Unlimited Edition）」の主催でもあります（右ページ参照）。
現在は一軒家を複合空間にリノベーションした建物の2階に店を構えており、ジャズが流れる静かで心地よい空間です。日向ぼっこする猫を横目に、本を物色。時間の流れをゆっくりと感じられ、贅沢なひとときを過ごせます。本棚で猫が寝ていることもあるので、気をつけて（ぬいぐるみかと思いきや、のパターン）。どっしり大きな体格をして風格たっぷり。のそのそ歩いたり、突然ジャンプしたり、こちらに向かって鳴いてきたり大人しくも愛嬌たっぷりで、目が離せない存在感。3匹いるけど隠れていたりどこかで寝ていたり自由気ままなので、3匹とも見られたらかなりラッキー！

弘大エリア 延禧洞

一般書店にはない個人出版物は、装丁もデザインもユニークなものが多い。すごくポップな装丁なのに、ダークな内容なんてことも。つい、装丁にどんな意味があるのか考えてしまいます。

このときは、ちょうど韓国人クリエイターZERO PER ZEROさん(P93)とのコラボ企画展中。ほっこりイラストに癒されながら、気持ちは反比例し、物欲がむくむくと湧いてしまいました。

your-mind 유어마인드
住所 ソウル特別市西大門区延禧路11ラキル10-6
(서울특별시 서대문구 연희로11라길 10-6)
電話番号 +82-70-8821-8990
営業時間 13:00-20:00
定休日 火曜、旧正月、秋夕
instagram @your_mind_com

map

年に1度のイベント

UE-Unlimited Edition-

2009年から毎年12月にソウルで開催されている、アートブックフェア。このUEは年々規模が大きくなっていて、会場はお祭りのように来場者でごった返すほどの大人気！若手クリエイターが作るZINEやエコバッグ、オリジナルの雑貨などがたくさん出展されているので、人混みを掻き分けながら(血眼になって)好みの作品を見つけるのが毎年の楽しみ。

HUNGO RINGO BREAD

パウンドケーキの「green tea」「carrot」は人気メニュー。他の焼き菓子は種類が変わることも。サンドウィッチもあるので軽く食べたいときにもよい。

いつも変わらない ほっこりカフェの代表

ほっこり、落ち着けるカフェといえばここ。冬の日の湯たんぽのような店、HUNGO RINGO BREAD。毎日その日の分だけ焼かれるパンとケーキは、素朴な味でとてもおいしい。丁寧に淹れられたドリップコーヒー (ringo coffee) もおいしく、cafe au laitやBlack teaなどコーヒー以外のドリンクも充実しています。店内には、欧州の雑貨、北欧食器、日本の雑誌など、旅行が大好きな店主が世界中から集めてきた雑貨があちこちに。日本語もお上手で、気さくにおしゃべりしてくれる優しい店主です。ただのお冷ではなく、温かいお茶と冷たい水が選べたりと、随所に心遣いを感じられ、おいしいものと優しい人柄に心温まる時間を過ごせます。

どんどん新しいカフェがオープンし、進化が速いのも韓国カフェの魅力だけど、移り変わりが激しいからこそ、こんな風にずっと変わらずほっとできる場所でいてくれることがとても嬉しくて、有難いのです。

2016年の冬、ソウルでカフェ巡りを始めたばかりの頃に初めて伺いました。そのときは全然韓国語をしゃべれなかったけど、店主の堪能な日本語のおかげで楽しい時間を過ごせた思い出深いカフェ。つい最近、約3年ぶりに伺ったのに私のことを覚えていてくださって、胸がいっぱいに。

メニューに載っている「ヨーグルッペ」に思わず仰天！ ソウルでも、あの九州の定番ドリンク「ヨーグルッペ」を買うことができるようになったそう。九州以外の方をぽかんとさせてしまったらすみません。

HUNGO RINGO BREAD 훈고링고브레드
住所 ソウル特別市麻浦区チャンダリ路130,2F
　　　（서울특별시 마포구 잔다리로130,2F）
電話番号 +82-2-336-9676
営業時間 火〜土曜／12:00-21:00 日曜／12:00-17:00
定休日 月曜、第1・3・5火曜
instagram @hungoringobread

map

bandeut

とっても穏やかで、優しい笑顔のおしゃれな店主。いつお会いしてもニコニコしています。写真を撮らせてくださいとリクエストすると、とても照れながらも快く了解してくれました。

優しい空間に和む 韓国の家庭的カフェ

韓国の民家を改装した家庭的なカフェbandeut。店名は韓国語で「반듯하다 (整える、きちんと)」という意味をもじったもので、考えや気持ちを整えることができる場所でありたいという想いが込められているそう。カラフルな壁の色は、店主ふたりでDIYしながら塗ったのだとか(成人男性ふたりで……と思うと、なんだか微笑ましい)。手作りのエッグタルトはお母さんが作ってくれたような優しい甘さで、心からほんわかします。店主の優しさがにじみ出たような味です。

bandeut 반듯
住所 ソウル特別市麻浦区チャンダリ路131-8
(서울특별시 마포구 잔다리로 131-8)
電話番号 +82-70-4799-1130
営業時間 月～土曜／12:00-23:00 日曜／12:00-22:00
定休日 水曜
instagram @bandeut

map

Vacant Shop

弘大エリア / 望遠洞

店主デザインのボトルミルクティーが素敵で、インテリアにしたいほど。シンプルな空間に美しい食器が映える、ギャラリーのようなカフェです。

デザイナーが作るセンス溢れる空間

ファッションデザイナーが本職のジュン・ファンスさんが営む、ファッションや家具のショールームとしても展開しているカフェVacant Shop。家具とインテリアはパリとスウェーデンから取り寄せたもの、グラスは韓国のヴィンテージショップで購入したものなのだそう。オーナー自らがアートデザインを施した店内は、洗練された空間。甘党の方におすすめなのが「White cream」。オーダーすると「Spring is coming.」というイケメン店員による手書きのメッセージがともに。イケメンはさらっとイケメンなことするんですね。

🏠 **Vacant Shop** 베이컨트 샵
住所 ソウル特別市麻浦区ワールドカップ路29キル45-10
(서울특별시 마포구 월드컵로29길 45-10)
営業時間 火〜日曜／12:00-20:00
定休日 月曜
instagram @shop_vacant

map

テチュン遊園地

コーヒー豆の種類は3つ。酸味中心の鉄筋(steel)、重いボディ感を持ったコンクリート(concrete)、軽やかなプラスチック(plastic)。このコンセプトを維持し、シーズンごとにコーヒー豆を更新しているそう。

コーヒーの本質を問う 無骨なカフェ

「テチュン遊園地」という名前から、ファンシーなカフェかと思いきや、骨のあるかっこいいコーヒーショップ。独自性の高い内装も素晴らしく、おいしいコーヒーを純粋に楽しむことができる居心地のよい空間です。「おいしいコーヒーが、華やかなマシンと高級なコーヒー豆を通じてしか得ることができないとは信じていない。温かい場所で心と親しみを込めてコーヒーを出す。そんな場所でありたい」と店主が語るように、アットホームで居心地のよい雰囲気の店です。テイクアウトは-1500ウォン。

テチュン遊園地 대충유원지
住所 ソウル特別市麻浦区ワールドカップ北路6キル37
(서울특별시 마포구 월드컵북로6길 37)
電話番号 +82-70-4799-5640
営業時間 12:30-22:00
定休日 インスタグラム参照
instagram @daechungpark

map

AMTON

延南洞・望遠洞 / 弘大エリア

望遠(マンウォン)市場から少し外れたところにあるAMTON。韓国のアジア色満載な場所にいきなりおしゃれなカフェが現れるギャップが、なんとも面白い。

優しいポパイボーイの隠れ家カフェ

雑誌『POPEYE』が好きそうな雰囲気のバリスタの店主が営む、エッジの効いたカフェ。キッチンの蛍光灯に書かれた「AMTON BTY」には、「BTY=Better Than Yesterday」、昨日よりもよい日にしようという想いが込められているそう。そのお手伝いができるようなおいしいコーヒーを提供したい、お客さんに喜んでもらいたい、と笑顔で語る爽やかボーイは、本当にポパイが好きなポパイボーイだった(店内にも『POPEYE』あり)。看板メニューはビエンナコーヒー。手作りケーキと一緒にどうぞ。

 AMTON 암튼
住所 ソウル特別市麻浦区ワールドカップ路15キル37
(서울특별시 마포구 월드컵로15길 37)
電話番号 +82-2-334-1537
営業時間 12:00-22:00
定休日 なし
instagram @amton_bty

map

Our time together

看板メニューは、淡いグリーンのクリームが珍しい「AQUA SKY」。ビエンナコーヒーのクリーム部分が、爽やかなミントクリームになっています。

ベルリンの地下鉄がコンセプト

旅好きの店主が、大好きな旅先であるドイツ・ベルリンの地下鉄をコンセプトに作ったカフェ。メニューには地下鉄の路線図を用い、地下鉄の椅子をモチーフに作った椅子がなんとも可愛い。ペールトーンのオレンジピンクとインテリアのダークグリーンなど、空間の色使いもベルリンを思い出しながら作り上げたそう。椅子の横にはスチールの手すりがついていて、細かなところまでまさに地下鉄……！

Our time together 아워타임투게더
住所 ソウル特別市麻浦区喜雨亭路12キル17
(서울특별시 마포구 희우정로12길 17)
電話番号 +82-2-323-5100
営業時間 11:00-21:00
定休日 水曜
instagram @cafe_ourtimetogether

map

弘大エリア / 望遠洞

ZERO SPACE

カラフルな路線図・地図は、旅欲を掻き立てるアイテム。ソウルの地図をゲットして、行きたい場所や行った場所に印をつけていくのも楽しい。

可愛くて心温まるカラフルなイラスト

韓国のグラフィックデザイナー、ZERO PER ZERO（@zeroperzero）さんのオフラインショップ。鮮やかでシックな色使いと、親しみのあるイラストが印象的な人気クリエイターの作品が集う雑貨店です。手のひらサイズのノートはコンパクトで、小さなカバンにもすっぽり入るサイズだから、旅の記録を記すにもぴったり。エコバッグや携帯ケースと、可愛いグッズが盛りだくさんでいつまででも居られそうな空間です。

ZERO SPACE 제로 스페이스
住所 ソウル特別市麻浦区喜雨亭路16キル32
（서울특별시 마포구 희우정로16길 32）
電話番号 +82-2-322-7561
営業時間 月〜土曜／13:00-19:30
　　　　　　日曜／13:00-18:00
定休日 インスタグラム参照
instagram @zeroperzero

map

tartin bakery (RYSE)

RYSEの地下にはギャラリー、上にはデザインオフィスや韓国のデザイナーズブランドのオフラインショップも。美術館のような内装です。

ラグジュアリーなベーカリーカフェ

地下鉄2号線・弘大入口駅9番出口からすぐ。ハイセンスでラグジュアリーなデザイナーズホテルRYSEの1階に入店している、アメリカ・サンフランシスコ発のベーカリーショップtartin。ソウル初上陸は2018年冬・漢南洞にて。オープン当初は極寒の季節だったにもかかわらず、平日朝から長蛇の列が。気合いを入れて並んだもののあまりの寒さに、さすがに極寒に並ぶのは辛い……と思っていたからこそ、ソウルに2号店ができて嬉しい限り！
ホテルの中にあるカフェなので海外旅行者が多く、朝早くから開いているのも旅行者には有難い。吹き抜けの天井は開放感があり、階段に座るスタイルなのも気楽で心地よい。世界各国の旅行者が多く、アメリカンな雰囲気まで味わえるし、朝ご飯を食べに行くと気分が明るくなる場所。比較的いつも空いていて、ふらっと行きやすいベーカリーカフェです。

地下のギャラリーでは、いつも面白い展示をしているので、ぜひチェックしてみて。無料で入れるので、隙間時間に気軽に行ってみるのもいいかもしれません。

タルトやケーキは欧米価格。韓国カフェはどんどん値上がりしていて、カフェラテで7000ウォンくらいすることも。でもいつも値段以上の幸せをもらっているので、私は満足しています。

tartin bakery（RYSE）타르틴
住所 ソウル特別市麻浦区楊花路130 RYSE 1F
（서울특별시 마포구 양화로 130 RYSE 1층）
電話番号 +82-2-324-9400
営業時間 7:00-21:00
定休日 なし
instagram @ryse_hotel

近くに来たら寄りたい靴専門店

SAPPUN 弘大店

大人気オンラインショップのフラッグシップストア。デイリーに使える可愛い靴が揃っているので、会社勤めの方には特におすすめ。シンプルなデザインと綺麗なシルエット、プチプラなのに高見えするところもお気に入り。黒のフラットシューズとショートブーツは延々リピート買い中。ちなみに、韓国はサイズ表記が日本と異なるのでご注意を（例…24.5→245）。

SAPPUN 弘大店
사뿐 홍대점
住所 ソウル特別市
麻浦区臥牛山路29キル55
（서울특별시 마포구 와우산로 29길 55）
営業時間 12:00-22:00
定休日 祝日
instagram @sappun_korea

summit.culture

96

隣にいたカップルがとても可愛くて、思わず話しかけてみた。彼の眼差しが「彼女のこと大好き！」と物語っていて素敵だったし、憧れカップルとして（年下だったけど）強烈に胸に刻まれています。

シンプルカフェ 隠れ家でゆったりと

新村は学生が多く、おいしいご飯屋とモーテルが集まる街。おしゃれな個人カフェはない印象だったので、summit.cultureが出来たときは「カフェブームがここまで来たか……」と感動したものです。ソウルのおしゃれな大人が集う、落ち着いた空間。ハンドメイドのレモンクリームケーキとチョコレートタルトが人気メニューです。シンプルカフェでおいしいコーヒーとケーキをいただく。それだけで幸せです。

summit.culture 써밋
住所 ソウル特別市麻浦区新村路14アンキル11
（서울특별시 마포구 신촌로14안길11）
電話番号 +82-70-7762-1009
営業時間 11:00-21:00
定休日 インスタグラム参照
instagram @summit.culture

map

felt

弘大エリア / 新村

feltはNEEDS(P98)と並び、すぐ先には文具店のALL WRITE(P99)とご近所さん。食後にコーヒーを飲みたいときは、はしごも楽々です。

犬連れも多い真っ白なローカルカフェ

コーヒーをじっくり楽しめるカフェfelt。オリジナルブレンドコーヒーも販売しており、ソウル市内のカフェではfeltのコーヒー豆を使っているところも多いのです。犬連れOKなので、犬がいることも多く、なんとも長閑でローカルな風景を見ることのできるカフェでもあります。コーヒーを飲みながら特に何をするわけでもなく、流れるジャズに身を委ねながらボ〜っと過ごすなんて、慌ただしく過ごしている日本ではなかなかできないこと。旅先で過ごす「無駄」は、とても贅沢な時間だと思うのです。

🏠 felt 펠트
住所 ソウル特別市麻浦区西江路11キル23
(서울특별시 마포구 서강로11길 23)
電話番号 +82-70-4108-3145
営業時間 9:00-18:00 (L.O.17:30)
定休日 インスタグラム参照
instagram @felt_seoul

map

Day3

NEEDS

トレーの紙に名前を書いてくれて、ほっこり。ひとり旅だと、ふいに人恋しくなるときがあるので、人の優しさに触れると胸熱になってしまいますね(年のせい?)。

ガツンとジャンクが食べたいときに

おしゃれ男子ふたりが営むバーガーショップ。肉にこだわりがあり、オーダー後にバンズと肉を焼き、できたてのバーガーを食べることができます。チーズと胡椒がたっぷりかかったフライドポテトは、ジャンクだとわかっていてもおいしくて食べてしまう。もちろん、おともはコーラで。カフェ巡りをしていると甘いものが多くなってしまうので、塩辛いものが食べたくなったときはここへ駆け込むのもあり。おすすめはマッシュルームクリームバーガー。

NEEDS 니즈버거
住所 ソウル特別市麻浦区西江路9キル24-3
(서울특별시 마포구 서강로9길 24-3)
電話番号 +82-2-323-0248
営業時間 月～土曜／11:30-15:00、
16:30-20:30 (L.O.20:00) 日曜／11:30-18:00
定休日 なし
instagaram @needs_burger

map

ALLWRITE

弘大エリア / 新村

おしゃれな店主がデザインする文房具は、シンプルなのにメッセージ性が強く、プチプラなため、つい買い込んでしまいます。

可愛い文房具なら ここに行くしかない

雑貨・文房具好きの方にぜひ行って欲しい文房具店。シンプルで可愛いノートやメモ帳を買いたいときに、足繁く通っています。ノート2500ウォン〜と驚くほどプチプラ！ 営業日が少ないので、開いている日を狙い撃ちで行ってみてください。NEEDS (P98) とコラボしたマスキングテープに、手帳やポスター、エコバッグにヴィンテージ雑貨など、シックなデザインの素敵雑貨が盛りだくさん。ちょっと小洒落たお土産にも。

ALLWRITE 올라이트
住所 ソウル特別市麻浦区西江路11キル28
(서울특별시 마포구 서강로11길 28)
電話番号 +82-10-9223-3484
営業時間 13:00-18:00
定休日 火〜木曜、日曜
instagram @ allwrite_shop

map

延南ソ食堂
（ヨンナム）

最近はますます人気が上昇し、平日なのに観光客で大行列をなしていることも！ 肉が無くなり次第終了なので、17時頃までに入店しないと難しいかもしれません。

おいしいカルビなら大人気！ドラム缶焼肉

新村の牛カルビ専門店。ドラム缶焼肉の名で有名な店なので、知っている方も多いかも。練炭と鉄板がセットされたドラム缶を囲み、立ったまま焼肉をいただきます。日本にはない珍しさと新鮮さが魅力で、何よりカルビがおいしい！ 脂身の少ない赤身肉はさっぱりとして、いくらでも食べられます。ご飯とキムチは持ち込み自由で、席に着いたら何人前の肉を頼むかだけ伝えます。あとはアジュンマ（店のお母さん）が焼いてくれるので、それを食べるだけ。お酒やジュースも冷蔵庫から勝手にとるスタイルです。

- 延南ソ食堂　연남서식당
- **住所**　ソウル特別市麻浦区白凡路2キル32
  （서울특별시 마포구 백범로2길 32）
- **電話番号**　+82-2-716-2520
- **営業時間**　12:00-20:00　＊肉が無くなり次第閉店
- **定休日**　月曜、旧正月、秋夕

map

碧帝カルビ 新村店

新村 / 弘大エリア

チゲじゃない温かいスープが飲みたくなったとき、ちょっとお肉が食べたくなったときに使える店。サラダもミッパンチャンもおいしくて大満足。

韓牛はカルビタンでコスパよくおいしく

韓牛の高級焼肉店、碧帝カルビ。ブランド韓牛は高くて手が出ませんが、こちらに行くといつも「カルビタン(牛の骨付きカルビを煮込んだスープ)」をオーダーします。赤い辛味スープの韓牛カルビヤンコムタンと、辛味のないまろやかなビョクジェカルビタンは、毎回どちらにするか死ぬほど悩む、甲乙つけがたいおいしさです。身体も温まるし、韓牛も楽しめる一品。1杯26000ウォンと、結構いいお値段しますが、夜ご飯代と思えば結果的にコスパはいいかなと思っています。

碧帝カルビ 新村店 벽제갈비 신촌점
住所 ソウル特別市西大門区名物キル22
(서울특별시 서대문구 명물길 22)
電話番号 +82-2-392-8308
営業時間 11:30-22:00 (L.O.21:00)
(旧正月・秋夕は短縮営業あり)
定休日 なし

map

THANKS BOOKS

韓国では近年、ミニマルなライフスタイルや生き方、人間関係についての書籍が売れているのだそう。

街の本屋さん 本好きは行くべし

韓国の独立型書店ブームの火付け役。弘大にあった最初の店舗から移転し、現在は合井(ハプチョン)へ。代表のイ・ギソプさんはデザイナーでもあり、いつもにこやかな笑顔で迎え入れてくれ、気さくに話しかけてくれる紳士。座って本を読めるスペースもあるので、のんびりと本を選ぶことができます。書店内の一角では海外作家の作品が展示されていたり、1冊の本を取り上げてキャンペーンを行っていたりと、いつも何か新しい発見がある場所なのです。ちょうどこのときは、『나는 울 때마다 엄마 얼굴이 된다(私は泣くたびに母の顔になる)』という書籍のキャンペーンが行われており、本の感想・コメントが書かれた付箋が貼られていました(意見交換、思いを共有するという趣旨でしょうか)。ハングルが読めなくても、日本とは異なるデザインの装丁は眺めているだけで面白い！ 私は、今なくなりつつある「街の本屋さん」の雰囲気が大好きなので、足繁く通っている場所でもあります。

弘大エリア 合井

日本の書籍も人気で、実用書や益田ミリさんの本もよく見かけます。益田ミリさんの本は日本語版を読んでいたので、韓国語勉強用に購入。コミックは韓国のスラングを学ぶのに役立ちます。

私が最近購入した本は『이제는 도망가고싶지않아（もう逃げたくない）』という対人関係や生き方についてのコミックエッセイ。ほんわかしたイラストで読みやすいですが、中身は硬派。

 THANKS BOOKS 땡스북스
住所 ソウル特別市麻浦区楊花路6キル57-6
（서울특별시 마포구 양화로6길 57-6）
電話番号 +82-2-325-0321
営業時間 12:00-21:00
定休日 元旦、旧正月、秋夕
instagram @thanksbooks

map

近くに来たら寄りたい店

九孔炭コプチャン 合井2号店
（クゴンタン）　　　　（ハプチョン）

弘大一帯にチェーン店を構える人気コプチャン(ホルモン)店。平日でも行列ができるほど人気の店です。塩、ヤンニョム、醤油の3種類からベースの味付けを選べ、5000ウォンでチーズを追加できます。コプチャンとチーズは相性抜群なので、ぜひ追加していただきたいところ。週末は特に混むため、ピーク時間をずらして行くのがおすすめです。

**九孔炭コプチャン
合井2号店**
구공탄곱창 합정2호점
住所 ソウル特別市麻浦区聖地キル18
（서울특별시 마포구 성지길 18）
電話番号 +82-2-379-9092
営業時間 17:00-翌2:00
定休日 インスタグラム参照
instagram @90tan4310

map

Day3

FOURB bake

104

定番の味以外に、日替わりベーグルもあります。あつあつのベーグルに、クリームチーズをつけて食べるとさらにおいしくなるので、ぜひトッピングを！

ふんわりおいしいベーグルをどうぞ

「新鮮でおいしいものを毎日安心して食べていただくことをモットーに、生地と発酵には特に注意を払っています」と店主が言うように、毎朝出来たてのベーグルをいただける店。"さくっふわ"なベーグルは生地がおいしく、クリームチーズとの相性も抜群。ガラス張りの壁から日差しがたっぷり入る、気持ちよい店内です。朝は透明感、夕暮れどきに行くとオレンジに染まる空間に。夕方以降はベーグルが売り切れていることもあるので、午前中に行くのがおすすめ。

FOURB bake 포비 베이직 합정점
住所 ソウル特別市麻浦区楊花路3キル66
（서울특별시 마포구 양화로3길 66）
電話番号 +82-2-566-3861
営業時間 10:30-22:30
定休日 インスタグラム参照
instagram @fourb.hours

map

学生街・弘大は夜がすごい！

7年半ぶりにソウルへ行ったとき、初めて弘大で遊びました。弘大は若者の街で、当時アラサーだった私は、この街の層からはだいぶ年齢が上だったことに後から気づいたのだけど。そのときは何も知らなかったので、クラブやハンティングポチャ（相席居酒屋に近い感じ）に行列をなす男女、週末の夜は翌日の昼まで遊ぶ男女、夜中になるほど捕まらないタクシー、繁華街でK-POPのコピーダンスを踊るグループ、それを取り囲んで楽しそうに盛り上がっている若者集団、真冬なのにミニスカートに素足の女子高生を眺めていました。韓国は不況下にあり就職難で大変と聞いていたものの、実際にソウルに来てみると、とにかく若者が元気！　男性が女性にガツガツとナンパしに行くのも、恋愛に対して積極的なのも男らしくていいなと思うし、さすがアジアのラテン！　思えば、カフェにいる女子グループもとにかく元気。会話の内容がわからなくても、楽しそうにわちゃわちゃ話している女子たちは見ているだけで元気をもらえます。格差やフェミニズム問題と、問題はきっとたくさんあるだろうけど、上昇志向の強さや勉強量のすごさ、諦めずに努力する姿勢、進化するスピードの速さに感銘を受けました。その熱量とパワーにも、強烈に惹かれたのだと思います。

Day4

景福宮(キョンボックン)エリア
北村(プッチョン)
西村(ソチョン)

Access memo

金浦空港から地下鉄で約40分。仁川空港からは約1時間半かかるので、リムジンバスがおすすめ。所要時間は同じくらいですが、この辺りは駅が古くエスカレーターがないことが多いため、荷物の多い旅行者にとっては少し不便。バスなら乗り換えもないので楽です。

景福宮、昌德宮(チャンドックン)、韓屋マウル(ハノッ)、韓服を着た観光客。

昔ながらの韓国文化を感じたいなら、このエリアへ。

春は新緑、秋は銀杏並木が素晴らしく、

冬の枯れ木ですら侘しさと風情を感じる、四季折々の風景を楽しめる場所です。

また光化門(クァンファムン)を抜け、

景福宮の外壁越しに見える空は、特別綺麗。

夏の真っ青な空も、淡いピンクと紫のグラデーションが幻想的な夕焼けも、

美しさが増して見えます。

ちょっと足を伸ばせば、ローカルな街並みも。

時間の流れをゆっくりと感じられる、長閑な場所です。

Saliy's voice
のんびり過ごしたいときや、親子旅にもおすすめのエリア。

Cafe Onion 安国店(アングク)

Day4

観光地ど真ん中で、おいしいパンとコーヒーが飲める場所が増えて嬉しい。「観光地におしゃれカフェなし」という説が崩れ始めているこの頃。

大規模韓屋をリノベーション

2019年3月、地下鉄3号線・安国駅付近にオープンしたCafe Onion。3号店となる安国店は、景福宮、韓屋マウルといった韓国文化が色濃く残る場所柄を生かし、朝鮮王朝時代、犯罪者を捕まえる役割を果たしていた捕盗庁(ポドチョン)(現在の警察署)として使われていた韓屋をリノベーションしてできました。韓国宮廷ドラマに出てきそうな大規模な韓屋で、荘厳さすら感じます。
Cafe Onionは、1号店は工場、2号店は郵便局、3号店は警察署と、すべての店舗でもう使わなくなった「死んだ」場所をリノベーションにより生き返らせていくプロジェクトを遂行しているのだそう。
ここでは韓服を着て、カフェタイムを過ごすのも楽しい。これまでになかったであろう規模のスタイリッシュな韓国モダンカフェで、「韓国に来たな〜!」という観光気分も味わえます。

北村 眞福宮エリア

オリジナルグッズも豊富なOnion。ステーショナリーや雑貨など、シンプルで暮らしに馴染むデザインたち。ちょっとしたお土産にも最適です。

オープン前から、3号店が出来る場所を当てるキャンペーンをしたりと、話題になっていた安国店。ここを皮切りに安国が新たなカフェホットスポットとなるのか、期待が高まります。

🍰 Cafe Onion 安国店 어니언 안국점
住所 ソウル特別市鍾路区桂洞キル5
(서울특별시 종로구 계동길5)
営業時間 平日／7:00-21:00
土日祝／9:00-21:00 (L.O.20:30)
定休日 なし
instagram @cafe.onion

近くに来たら寄りたい雑貨店

Object 三清店 サムチョン

個人で活動している韓国人デザイナーの作品を販売している雑貨店。全店舗合わせると、150名ものデザイナーの作品を扱っているのだそう。文具や巾着、エコバッグなど、可愛い作品が山ほどありますよ。ちなみに、本店の弘大店が最大規模。

Object 三清店 サムチョン
오브젝트 삼청점
住所 ソウル特別市
鍾路区北村路5キル6
(서울특별시 종로구 북촌로5길 6)
営業時間 12:00-20:00
定休日 インスタグラム参照
instagram @insideobject

Fritz 苑西店 (ウォンソ)

アザラシがトレードマークの、オリジナルグッズが渋可愛い。グラスやコーヒーカップ、ピンバッジなど、文具から日用品まで揃います。

おじさんみたいなアザラシの絵が目印

安国駅から徒歩5分ほど。ソウルではもはやベーシックスタンダードになっている、ベーカリーカフェです。Fritz coffee companyというコーヒー会社のカフェなので、ソウル市内でFritzのコーヒー豆を使っているカフェも多くあります。平日でも、昼どきは満席なことがあるほど、安定した人気を誇る店。

すぐ近くには大財閥・現代(ヒュンダイ)があり、昼食時は食後のコーヒーを買いに来るサラリーマンも多くいるので、サラリーマンらしき人たちを見かけると、「超エリートなんだろうな……」と勝手に心の中で妄想して楽しんでいます(笑)。景福宮エリアを散策するときの、朝ご飯にぴったりなカフェです。孔徳駅(コンドク)と良才駅(ヤンジェ)にあるFritzも、また違ったインテリアと雰囲気を楽しめておすすめ。販売しているグッズは、孔徳駅が1番豊富に揃っているように思います。

併設の「アラリオミュージアム・イン・ザ・スペース」は、韓国の現代建築史に残る名作の旧「空間」建築事務所の社屋をリノベーションした美術館。アートや建築好きの方は、ぜひ。

アイスでドリンクを頼むと銅製のマグで出てくるので、最後までキンキンに冷えた状態で飲めるのが嬉しい。暑い日にテラスで飲むアイスラテは最高ですよ。

Fritz 苑西店 프릳츠 원서점
住所 ソウル特別市鍾路区栗谷路83 (서울특별시 종로구 율곡로 83)
電話番号 +82-2-747-8101
営業時間 10:00-21:00
定休日 旧正月、秋夕
instagram @fritzcoffeecompany

 map

近くに来たら寄りたい店

カントンマンドゥ

辛いものが好きな方におすすめしたい、ピリ辛マンドゥ（餃子）鍋。おいしくて、身体もポカポカ温まり、ボリューム満点。量が多いので、ひとりでご飯を食べるときはカルグクス（韓国のうどん）がおすすめです。地元の人たちで賑わう、小綺麗な食堂です。

カントンマンドゥ 깡통만두
住所 ソウル特別市鍾路区
　　　北村路2キル5-6
　　　(서울특별시 종로구 북촌로2길 5-6)
電話番号 +82-2-794-4243
営業時間 平日／11:30-15:30 (L.O.14:40)・
　　　　　17:00-21:00 (L.O.20:20)
　　　　　土曜／11:30-20:00 (L.O.19:20)
定休日 日曜・祝日

 map

TXT COFFEE

味の調整表は日本語版もあり（韓国語・英語・中国語・日本語対応）。春秋は、縁側でお茶をいただくというのも風情があっていいですね。

北村散策の寄り道カフェ

安国駅3番出口から出発し、TXT COFFEEまでは徒歩15分ほど。その間、北村をプチ散策しながら向かうのも楽しいものです。道すがらヴィンテージショップ「ONE OF A KIND」のちょっとレトロなプチプラアクセサリーをチェックし、雑貨店を冷やかし、昔ながらのトッポキ屋でつまみ食い。済州の黒豚を使ったサムギョプサル屋「チュンギョンサンリム」もおいしいので、ここでランチしてからTXT COFFEEで食後のコーヒーをいただくというのもいいかも。この辺りは全体的にのんびりしていて、長閑な雰囲気。しばらく歩くと、石造りの外観が特徴的なTXT COFFEEが見えてきます。こちらは注文書にオーダーと自分の好みのコーヒーの味を明記して渡すシステム。日本語版があるのも嬉しい。顧客ひとりひとりに合わせたコーヒーを、丁寧に淹れてくれます。ロースティングから抽出まで品質管理にこだわり計算された、大切な一杯をどうぞ。インテリアだけでなく信念までかっこいいカフェなのです。

景福宮エリア / 北村

顧客の注文書とバリスタが準備したドリンクは、それぞれ記録されています。それが、テキストファイルで保存する行為と似ていることから、店にTXTと名付けたのだそう。

TXT COFFEEから徒歩10分のところにはGREEN MILE COFFEE 北村店(P114)が。周辺は急な坂道が多いので、歩きやすい靴で散策すべし。夜は人通りが少ないので、昼間の散策がおすすめ。

TXT COFFEE 텍스트커피
住所 ソウル特別市鍾路区昌徳宮キル121
(서울특별시 종로구 창덕궁길 121)
電話番号 +82-70-7760-0121
営業時間 11:00-19:00
定休日 日・月曜
instagram @txtcoffee

 map

近くに来たら寄りたい服飾店

tchaikim

韓服デザイナーズブランド。買うことはないと思うのですが……あまりに好きすぎるため紹介します。韓流ドラマ「ミスターサンシャイン」など、歴史ドラマの衣装や雑誌のビジュアル衣装も担当する有名店。韓国の伝統と現代の感覚を融合させたデザイン、色使いがとにかく美しい。韓国文化の美意識を感じられる世界観です。

map

tchaikim 차이킴
住所 ソウル特別市鍾路区三清路4キル4
(서울특별시 종로구 삼청로4길 4)
電話番号 +82-2-736-6692
営業時間 11:00-21:00
定休日 なし
instagram @tchaikim_official

GREEN MILE COFFEE 北村店
プッチョン

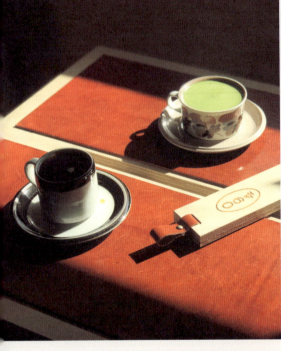

看板メニューは、豆本来の味を素直に引き出したサイフォンコーヒー。コクのある抹茶ラテもおいしい。内装インテリアも、シンプルながら伝統的な香りを感じます。

韓屋ビューを望めるテラスつきカフェ

スペシャリティコーヒーと、昔ながらのサイフォンコーヒーが飲めるカフェ。受け渡し札が古風な木製で可愛いのです。知らなければ通り過ぎてしまいそうな小さな店構えなのに、3階に上がるとルーフトップが。そこから見える韓屋(伝統的な朝鮮の家屋)ビューは気分を盛り上げてくれ、「ここ韓国なんだな〜」と韓国文化を感じられる場所です。カップルや友達同士で撮影会をしている人も多く、天気がよい日は青空と韓屋を眺めながらルーフトップでのコーヒーも最高！ ちょっと寄り道したいときにもどうぞ。

🏠 GREEN MILE COFFEE 北村店 그린마일커피 북촌점
住所 ソウル特別市鍾路区北村路64
(서울특별시 종로구 북촌로 64)
電話番号 +82-2-744-2404
営業時間 平日／8:00-21:00　土曜／10:00-21:00
　　　　　　日祝日／10:00-19:00
instagram @green_mile_coffee

map

チャマシヌントゥル

北村
景福宮エリア

韓方茶や韓国の伝統菓子、ハーブティーやオーガニックティーととにかくお茶の種類が豊富。韓国の伝統的な雰囲気を味わいたい方に嬉しい店。

韓国の伝統茶を古風なカフェで

韓服を着たお客さんがいると、その場だけ遥か昔にタイムスリップしたかのような空間になる韓屋カフェ。チャマシヌントゥルは高台にあるため、窓から見える山々も清々しく、庭に咲いている花とお茶を楽しめる情緒溢れるカフェです。ここへ行くまでは坂道がすごいので、ぺたんこ靴で行くのがおすすめ。親子旅にも持ってこいですが、ご年配の方がいらっしゃるときは、行きはタクシーにすると負担が少ないかも。

チャマシヌントゥル 차마시는뜰
住所 ソウル特別市鍾路区北村路11ナキル26
（서울특별시 종로구 북촌로11나길 26）
電話番号 +82-2-722-7006
営業時間 平日／10:00-21:00 土日／10:00-21:30
定休日 旧正月、秋夕

map

勧農洞コーヒープレイス
（クォン ノン ドン）

カフェ前にある昌徳宮の温室はとても綺麗なので、天気のよい日はお散歩がてら、ぜひこの辺りを散策してみてください。中はとても広く結構歩くので、水分補給も忘れずに。

昌徳宮前にあるミニマルカフェ

店主は欧州でも修業をし、数々の輝かしい賞の受賞歴もある韓国有数のバリスタ、イ・ラウォンさん。世界遺産・昌徳宮前に店がある土地柄、店のデザインやインテリアには礎盤など韓国スタイルも取り入れているそう。「長く使えるものが好きなので、モノもインテリアもできるだけシンプルにしています。簡素な空間だと掃除も楽ですよ」と、いつも朗らかなラウォンさん。近年韓国でも注目されている、ミニマルなライフスタイルの先駆者を見ているようなカフェです。

🏠 勧農洞コーヒープレイス　권농동커피플레이스
　住所　ソウル特別市鍾路区栗谷路112
　　　　（서울특별시 종로구 율곡로 112）
　電話番号　+82-10-3306-6575
　営業時間　10:00-19:00
　定休日　日・水曜
　instagram　@kwonnongdong

map

sogno there42

景福宮エリア / 北村

韓国の文房具はプチプラで可愛いものが多い。ピンクベージュやクリーム色など、少しダークトーンのシックな色味で、つい欲しくなります。

三清洞の人気雑貨屋
可愛い雑貨ならここ

チャマシヌントゥル(P115)の近く、三清洞(サムチョンドン)にあるライフスタイルショップsogno there42。日本語が堪能なオーナーは、とても親切でフレンドリー。日本人旅行者も多く、いつも女性のお客さんで賑わっています。韓国人クリエイターのほっこり可愛いイラストが描かれた焼酎グラスや貝殻のキャンドル、可愛い文房具。中でも私は、Heami Leeの白い陶器シリーズが大好きで、密かに集めています。ちょっとしたステーショナリーやポストカードは、お土産にしても喜ばれます。

sogno there42 소그노
住所 ソウル特別市鍾路区三清路75-1
(서울특별시 종로구 삼청로 75-1)
電話番号 +82-2-733-1423
営業時間 10:30-20:30

map

ITALYJAE

人気店なので電話予約して行くのがベターですが、韓国語と英語のみ対応。予約なしで行く場合は、平日がおすすめ。

おいしい隠れ家を見つける楽しみ

韓服を着た人たちが行き交う韓国の伝統的な街・北村(プッチョン)にあるイタリアンレストラン、イタリジェ。ミシュランの星を2017年から3年連続で取るほどの、実力派レストランです。太陽のような朗らかな笑顔のオーナーシェフ、チョン・イルチャンさんは、本場イタリアのレストランでもシェフとして経験を積み、2016年4月にイタリジェをオープン。子どもの頃に母親が作ってくれた手料理や料理本など、視覚的なものから受けたインスピレーションをもとに、素材を生かしたオリジナルメニューを開発されています。シェフが作る料理はどれも本当に絶品！ 特に大好きなのは「タコのラグーパスタ」。どさっと大きなタコは、表面の辛味あるカリッとした部位と中部分の柔らかな食感と味を二度楽しめ、にんにくの効いたピリ辛トマトソースとアルデンテの細麺が絡み合う、もうこれ以上ないおいしさ。シェフが得意とする、素材を生かした料理を味わえる一品です。様々な味を楽しめる、タパス盛合せもおすすめ。

景福宮エリア 北村

味に乱れがないよう、常にポジティブでいるように心がけているシェフ。オープンキッチンにしているのも、お客様に安心感を与えるため。おいしい料理を楽しんで欲しいという想いが強くあります。

小道に入ったところにおいしいレストランがあるイタリア・ベネチア。韓国・北村の小道に店を構えたのは「見つける楽しみがあるレストランにしたい」と、シェフが好きなベネチアの食堂をイメージしたから。外観は韓国の伝統的なスタイル、内装はタイルや壁紙など、欧州の雰囲気です。

ITALYJAE 이태리재
住所 ソウル特別市鍾路区栗谷路1キル74-9
(서울특별시 종로구 율곡로1길 74-9)
電話番号 +82-70-4233-6262
営業時間 12:00-14:00・18:00-20:30
定休日 第2、4日・月曜、元旦、旧正月、秋夕
instagram @italyjae

map

イイオム

店主自身が作った器でお茶を提供してくれることも。温かみのある柔らかな色合いが素敵。韓国の陶芸家・パク・ジュミン氏の作品も。

まだ見ぬ日本を知れる静寂に包まれたカフェ

景福宮駅を降り、歩くこと約20分。西村の静かな住宅街に佇む、イイオム。「日用美」をテーマに、日韓工芸作家の作品が整然と並べられています。キッチンにところ狭しと、でもきちんと積まれている日用品は、まさに日用美そのもの。柳宗悦が好きだという店主は日本工芸作家たちの作品も大好きで、日本人作家が作った作品もたくさん使っているのだそう。ヴィンテージの収納タンスには『道具の足跡』(アノニマ・スタジオ刊)、『三谷龍二の木の器』(アトリエ・ヴィ刊)といった日本の書籍や、年季の入った柳宗悦展と日本民藝館のチケットが。雑貨や古道具、作家さんの名前、自分がまだ知らなかった日本文化や日本のよさを知ることができる空間です。

コポコポというドリップコーヒーを淹れる音が聞こえてくるような、静かな時間。いつ行ってもいいけど、私は特に息が白くなるほど寒い冬に行きたい。ストーブの上でシュンシュン鳴るやかんを見ていると、幸せな気持ちになれます。そんな生活の中のささやかな楽しみを教えてくれる店です。

2階へ上がるときは靴を脱ぎ、スリッパに履き替え。まるで店主の家にお邪魔するかのような気分。2階には座敷もあり、くつろいで過ごせます。ヴィンテージの机も趣があって素敵。

他のお客様がいるときは撮影NG。お客様がいないとき、または自分のテーブルの上なら撮影OKです。お客様が静かにお茶を飲めるようにと配慮し、注意書きをつけることにしたのだそう。

 イイオム 이이엄
住所 ソウル特別市鍾路区弼雲大路9キル3
（서울특별시 종로구 필운대로 9길 3）
営業時間 11:00-19:00
定休日 月・火曜

 map

近くに来たら寄りたい服飾店

SECOND HOTEL

mk2（P122）のすぐ斜め前にあるアパレルショップ。大人シンプルなアイテムが揃います。韓国女子のような、シンプルだけど女らしいスタイルが好きな方におすすめしたい店です。漢南洞のカフェにいるような韓国女子のスタイルに近いです。

 map

SECOND HOTEL
세컨드호텔
住所 ソウル特別市鍾路区紫霞門路10キル22
（서울특별시 종로구 자하문로 10길 22）
営業時間 10:30-19:00
定休日 月曜

mk2

mk2がある道の並びには、初夏になると薔薇が咲き誇るスポットがあってとても綺麗。その時季は撮影スポットとなり、次から次へと順番に人が撮影しているので、すぐにわかるはずです(笑)。

芸術家夫妻が営むインテリアカフェ

写真作家と彫刻家であるアーティスト夫妻が営むカフェmk2。2008年のオープン以来、長年韓国のカフェ好きから支持されており、オーナーが収集してきたヴィンテージ家具が使用されていることから、「ヴィンテージ家具カフェ」という別名も。店内のテーブルや椅子は購入も可能です。おいしいコーヒーと甘さ控えめのケーキをいただいていると、通り沿いに面した大きな窓から行き交う人たちが見え、時間がゆっくりと流れているような空間。週末昼以降は混み合うことが多いので、午前中に行くのがベター。

🏠 **mk2** 엠케이투
住所 ソウル特別市鍾路区紫霞門路10キル17
(서울특별시 종로구 자하문로10길 17)
営業時間 12:00-22:00
定休日 なし
instagram @cafemk2

map

Lait and le

西村 景福宮エリア

チェックのトレー、ストライプのストローなど、可愛い雑貨も。インテリアは半分が代表の私物、他はオーダーメイドしたものだそう。

小窓が可愛い屋根裏部屋みたいな店

ベーカリー＆ライフスタイルショップLait and le。1階はパティスリーと雑貨店、2、3階がカフェになっています。サンドウィッチとブリオッシュをメインに作っており、人気メニューはLaitプレッツェルサンドウィッチ。ブルーチーズとハムがたっぷりで、コーヒーよりもむしろワインに合いそうな一品。マドレーヌもおいしかったので、次回はもっと買って帰りたいところです。カフェは屋根裏部屋のような可愛らしい空間で、パンを食べながらのんびりブランチに最適。

Lait and le 레앤르
住所 ソウル特別市鍾路区紫霞門路13キル5
（서울특별시 종로구 자하문로13길5）
営業時間 11:00-21:00
定休日 インスタグラム参照
instagram @lait_n_le

map

PRESEASON

ケーキは甘さ控えめ。韓国のケーキは、見た目よりもずっと甘くないので意外と食べやすいのです。クリーム色の外観も素敵なカフェ。

クリーム色の外観のベーカリーカフェ

地下鉄3号線・景福宮駅から徒歩5分ほど。天気のよい日は、テラスでポカポカと日向ぼっこをするのも最高です。外観はクラシック、中はモードなハイセンスベーカリーカフェ。カフェの並びにあるベーカリー「P.S.BAKER」で購入したパンを、こちらのカフェでイートインすることができるのです。パンはもちろんケーキの種類も豊富なので、どれにしようかいつも悩んでしまいます。カウンターもソファー席もあり、ひとりでもカップルでも友達同士でも使いやすいカフェ。

PRESEASON 프리시즌
住所 ソウル特別市鍾路区紫霞門路6キル9
(서울특별시 종로구 자하문로6길 9)
電話番号 +82-2-735-2900
営業時間 平日／8:30-22:30 (L.O.22:00)
　　　　　土日／10:00-22:30 (L.O.22:00)
instagram @preseason_official

map

kyynthegarten

西村 / 景福宮エリア

デザイナーのイニシャルと、デザインの仕事に大きな影響を受けたドイツの庭「garten」を組み合わせて誕生したブランド名だそう。

恋人たちの時を止めるヴィンテージアイテム

西村にあるアトリエ兼ショップ、kyynthegarten。以前インスタグラムでこの店のことを知り、ヴィンテージ時計をリメイクしたバングルに一目惚れした私は、すぐさまショールームへ。「時計の文字盤を取ることで時を止め、ゆっくり過ごし、恋人同士なら一緒にいる間は2人の時を止める」というストーリーがあると聞き、ケタ違いのロマンティックさに驚愕。"ロングライフスタイル"をコンセプトに、ひとつひとつ大切に作られた完全オリジナルなので、気に入るものがあればすぐに買っておくべし。

kyynthegarten 킨더가튼
住所 ソウル特別市鍾路区紫霞門路9キル34,B1F
(서울특별시 종로구 자하문로9길34,B1F)
営業時間 木・金曜は予約制 土日/15:00-20:00
定休日 インスタグラム参照
instagram @kyynthegarten

map

BOAN BOOKS

徒歩1分のところ（というよりほぼ斜め前）にIRASUN（P127）があり、小さな書店巡りもできます。1階のカフェには可愛い看板犬も。おとなしく賢い犬なので、吠えられることはないはず。

景福宮を眺めながら読書はいかが？

1階はカフェ、2階は書店、地下はギャラリーになっているこちらの建物。2階にあるBOAN BOOKSは、1階の33marketで購入したコーヒーを飲みながら本を読むことができる書店です（こちらで購入した本、または持ち込みの本のみ。購入していない書店の本は読めません）。窓辺から景福宮の外壁が見え、韓国らしい雰囲気を感じることもできる場所。秋は通り沿いが銀杏並木となり、とても綺麗です。

BOAN BOOKS 보안책방
住所 ソウル特別市鍾路区孝子路33
（서울특별시 종로구 효자로33）
電話番号 +82-2-720-8409
営業時間 火〜金曜／12:00-20:00 土日／12:00-19:00
定休日 月曜
instagram @boanbooks

map

IRASUN

景福宮エリア / 西村

IRASUNから徒歩2、3分のところにはPRESEASON(P124)が。この辺りは小さな店がたくさんあるので、散策してみるのも楽しいですよ。

アートを感じる写真集専門書店

写真集を専門に扱う書店、IRASUN。アーティストの自宅に遊びに来たような、書斎のような雰囲気が漂います。米国、中国、日本、メキシコ、欧州各国からセレクトした写真集を販売しており、ゆっくりアートを楽しむことのできる空間。世界各国のアートを感じながら、のんびり写真集を物色できます。シックでクラシカルなインテリアがかっこいい書店です。

IRASUN 이라선
住所 ソウル特別市鍾路区孝子路7キル5
（서울특별시 종로구 효자로7길 5）
営業時間 12:00-20:00
定休日 月曜
instagram @irasun_official

map

GRANHAND 西村店 <small>ソチョン</small>

オーダーメイド以外のルームフレグランスやパフュームにも、様々な香りがあるので、ぜひ試してみて。ラベルに好きな名前を印字してくれます。自分好みの香りを見つける旅なんて、いかがでしょう。

自分だけの香りを作る香水専門店

気分が上がる、香りの専門店。西村店は全店舗の中で1番規模が大きく、オーダーメイドの香りを作ってくれるのです。実験室のような雰囲気で、よい香りに包まれながら、自分好みの香りを作ることができます（値段は30000〜50000ウォンほど）。ラベルに好きな名前を印字してくれるので、プレゼントにも喜ばれそう。コーラルピンクの壁が可愛く、庭の木の枝に吊るされているサシェまで愛らしい。こういうちょっとした演出って、気分が上がりますよね。

GRANHAND 西村店 그랑핸드 서촌점
住所 ソウル特別市鍾路区紫霞門路4キル14-2
（서울특별시 종로구 자하문로4길 14-2）
電話番号 +82-2-333-6525
営業時間 11:30-20:30
定休日 インスタグラム参照
instagram @granhand_official

map

景福宮エリア / 西村

好好堂(ホホタン)

「日常の中で手が届くもの」を意識しているそう。犬の刺繍が入ったベビー服があまりに可愛く、友人の出産祝いを探していたので即購入。

現代風にアレンジした韓国伝統の生活小物

韓国の伝統的な色を取り入れた生活小物をデザインしている好好堂。「好好」には、よいことがたくさんありますようにという意味が込められているそう。鮮やかな青、赤、シックな紫などの美しい色合いがたまらず、光沢感のある薄いピンクの風呂敷を購入(クラッチバッグや袱紗(ふくさ)としても使える)。実用的で環境に優しい風呂敷と美しい梱包。エプロン、パジャマ、ベビー用品など、日常生活を温かく満たす製品が揃います。現代的な感覚の「コリアンライフスタイル」ブランドです。

好好堂 호호당
住所 ソウル特別市鍾路区紫霞門路103,1F
(서울특별시 종로구 자하문로 103,1층)
電話番号 +82-2-704-0430
営業時間 10:00-17:00 ＊土・日曜は予約制
instagram @hohodang_official

map

大林美術館
デリム

美術館の隣にあるチケット売り場でチケットを購入し、入場。ミュージアムショップのグッズが可愛くて、いつも物欲に襲われてしまう恐怖スポットです。

外観もアートを楽しめるミュージアム

漢南洞のD museum（P32）同様、大林財団が運営する美術館。毎回ポップなアートの展示で楽しませてくれる美術館です。美術館まるごとアートを施していて、外観から階段の一部まで、宝探しのようにアートの足跡を追っていくのも楽しい。美術館は写真撮影もOK（一部撮影禁止のものもある）。新しい感覚でアートを楽しむことができる場所です。

大林美術館 대림미술관
住所 ソウル特別市鍾路区紫霞門路4キル21
（서울특별시 종로구 자하문로4길 21）
電話番号 +82-2-720-0667
営業時間 火〜水、金、
　　　　　　日曜／10:00-18:00（最終受付17:30）
　　　　　　木、土曜／10:00-20:00（最終受付19:30）
休館日 月曜、旧正月、秋夕

map

気持ち高まる韓服体験

韓国の観光名所・景福宮エリアには、韓服を着た女の子たちがたくさん歩いています。かく言う私も韓服が大好き!! 今年こそは、1着買いたいと思っているほどです。締め付けられない楽な着心地と、何よりあの美しい色使い。レンタル店にずらっと並んだチマとチョゴリは、毎回何色にしようか悩んでしまいます。韓国の伝統的な色にするか、勇気を出して明るめのものにするか……。もう年齢的にパステル系は着ることができないと勝手に思っているし、渋めなものも好きなので、今日は宮廷ドラマの悪役風にしようなど、毎回テーマを決めて楽しんでいます。「選ぶ」楽しさを教えてくれる韓服。以前、還暦の母を何度かレンタル店に連れて行ったのですが、とても楽しかったようで、キラキラ輝いて見えました。どうやら韓服は女心を燃やしてくれるアイテムのようです。安国駅付近には、レンタル韓服屋がたくさんありますし、景福宮は秋になると紅葉がとても綺麗！ 韓服を着ていれば、入場料無料で入ることができますよ。

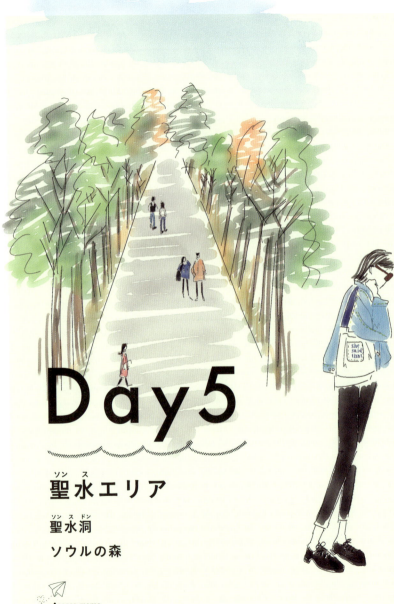

Day 5

聖水エリア

聖水洞

ソウルの森

Access memo

金浦空港からは弘大入口駅で乗り換え、約50分。仁川空港からは地下鉄でもリムジンバスでも1時間半ほど。乗り換えのない分、リムジンバスの方が楽かもしれません。

韓国のブルックリンと呼ばれる聖水には、
工場をリノベーションした無機質でインダストリアルなカフェや、
韓国の伝統的な煉瓦造りの建物を利用したショップなど、
ハイセンスな店がたくさん。町工場の荒廃感を利用した内装や
ヴィンテージミックス、古いものと新しいものが融合した
独特の雰囲気が聖水らしさです。
軽トラやバイクがびゅんびゅんと走るローカルな風景と、
おしゃれスポットとのコントラストも魅力的。
ソウルの森に近づくほど、少しゆったりとした雰囲気になります。

Saliy's voice

工場付近は軽トラやバイクに注意しながら歩いて！

Day5

zagmachi

シリアルラテは麦の風味が強く、独特な甘みが。癖があるので、好き嫌いが分かれるかも。最近マシンを新調し、さらにおいしいカフェラテが飲めるようになりました。美しいラテアートも魅力的。

聖水カフェブームの火付け役

2013年、聖水にオープンしたzagmachi。当時まだおしゃれなカフェが全くなかったこの場所に、おいしいコーヒーが飲めるかっこいい空間を作りたいと、建築デザイナーであり、建国大学教授のチョン・カンファ(コングク)さんが立ち上げたカフェです。スクリーンには古い洋画が流れ、日韓で注目されている雑誌「MagazineB」のバックナンバーがずらり。無機質な空間にドライフラワー、作業台のような大きなテーブルと、カフェ自体が大きなアトリエみたいな空間になっています。店内の照明は購入も可能。

zagmachi 자구마치
住所 ソウル特別市城東区聖水2路88
(서울특별시 성동구 성수이로 88)
電話番号 +82-70-4409-7700
営業時間 11:00-23:00 (L.O.22:30)
instagram @zagmachi

map

Camel coffee 聖水店(ソンス)

キャメルラテが人気メニュー。ここは、おしゃれな男性客が多い印象です。土地によって客層が全然違うのも、韓国カフェの面白いところ。

キャメル色が可愛いヴィンテージカフェ

レトロなドアから白髪のおばあさんが出てきそうな、可愛らしい外観。店主が1番好きな色である「キャメル」を、カフェの名前にしたのだそう。インテリアデザインも内装のペンキ塗りも店主自ら行い、長い時間をかけて集めてきた店主セレクトのヴィンテージ雑貨たちをディスプレイ。蓄音機やペンキが剥がれかかった木製椅子など、細かなところまでヴィンテージのインテリア、ひとつひとつがとても素敵なカフェです。

Camel coffee 聖水店 카멜커피 성수점
住所 ソウル特別市城東区聖徳亭19キル6
（서울특별시 성동구 성덕정 19길 6）
電話番号 +82-70-8711-3337
営業時間 11:30-21:00
定休日 水曜
instagram @camel__cafe

map

or.er.

Day5

136

レトロロマンティックな花柄の壁紙の個室もあります。3階建ての広いカフェなので、いろんなテイストのインテリアを楽しめるのも面白い。

モダンクラシカルな建築デザイナーの空間

もともと工場が多く、ものづくりの街として有名な聖水。今でもハンドメイドの靴や革製品、生地の店が多く、昔ながらの商店とおしゃれな店が混在した、日本でいうならば東京・蔵前のような街です。ビュンビュンと軽トラと荷台に荷をのせたバイクが飛ばしながら走っているので、歩道のない道を通るときはよく注意して！

or.er. も、zagmachi（P134）を立ち上げたチョン教授が後輩とともに作ったカフェ。建築デザインもチョン教授が手掛けており、クラシックとヴィンテージに現代の軽やかさが加わった、とても素敵な場所なのです。高級感のあるマホガニーの椅子に、重厚な石のテーブル、自然溢れるテラス。1、2階がカフェで地下はギャラリー、3階はヴィンテージアイテムと日韓の工芸雑貨などを扱うショップになっていて、部屋ごと持って帰りたくなる素敵さ。レトロな照明も、器と雑貨を飾っているヴィンテージのチェストと卓も、思わず溜息が出る美しさ。あまりに自分好みな空間に、「もう勘弁して！」と呟いたほどです。

温室としても活用されている離れは、定期的にPOP UPを開催するなど、イベント会場としても活用されています。離れにある専用の厨房では、パティシエが毎日オリジナルケーキを作っています。甘さ控えめでおいしいですよ。

チョン教授は、日韓の工芸家の作品を繋げる活動もされていて、or.er.で日本人作家の作品展示や販売を行ったかと思えば、日本で韓国人作家の作品展示などを手伝ったりと、大忙し。

 or.er. 오르에르
住所 ソウル特別市城東区練武場キル18
(서울특별시 성동구 연무장길 18)
電話番号 +82-2-462-0018
営業時間 11:00〜23:00(L.O.22:30)
定休日 インスタグラム参照
instagram @or.er

 map

近くに来たら寄りたい複合施設

聖水連邦
(ソンスヨンバン)

インテリアショップ、書店、カフェなど、個性溢れる構成員たちが集まる「生活文化ソサエティープラットフォーム」です。温室のようなカフェは開放感抜群。韓国作家の器やファブリック、キッチン用品など、暮らしにまつわる雑貨が揃うThingoolは、特におすすめ！ 雑貨好きの友人と一緒に行ったときは、興奮しっぱなしでした。

map

聖水連邦 성수연방
住所 ソウル特別市城東区聖水2路14キル14
(서울특별시 성동구 성수이로14길 14)
営業時間 11:00〜22:00
定休日 インスタグラム参照
instagram @thingool_official

Cafe Onion 聖水店(ソンス)

ファッションブランド「Chuu」が運営しており、オープン当初は美男韓国モデルの有名スタッフがいました。ドリンクの準備ができたら名前を呼ばれるので、それはそれはドキドキしたものです。

もはや聖水の定番 人気ベーカリーカフェ

2016年聖水にオープンした、日本人旅行者からも人気のベーカリーカフェOnion。工場だった場所をリノベーションし、インダストリアルで荒廃感溢れるおしゃれなカフェへと生まれ変わりました。オリジナリティ溢れるOnionのパンは、ふんわり柔らか。朝からおいしいパンとコーヒーでほっと休まるひとときを過ごせます。別室のOnion storeでは、新鮮な豆で淹れたてのドリップコーヒーをじっくりと味わえます。バリスタは日本語が上手なので、いろいろと質問もできますよ。

Cafe Onion 聖水店 어니언 성수점
住所 ソウル特別市城東区峨嵯山路9キル8
(서울특별시 성동구 아차산로9길8)
電話番号 +82-2-1644-1941
営業時間 平日／8:00-22:00 (L.O.21:30)
土日／10:00-22:00 (L.O.21:30)
定休日 インスタグラム参照
instagram @cafe.onion

map

LOWKEY COFFEE 聖水店
ソンス

聖水エリア / 聖水洞

広々としたソファーはくつろぐのに最適。オリジナルのロゴシールも可愛い(韓国のカフェは無料でオリジナルシールを配ることがよくある)。

ゆっくりくつろげるコーヒーカフェ

ドリップコーヒーが人気の、スペシャリティコーヒーをじっくり楽しめるカフェ。2010年 広壮洞(クァンジャンドン)に1号店、南揚州(ナミャンジュ)に2号店、そしてここ聖水に3号店をオープン。昔、2号店を訪問した際、田舎なので公共交通機関が少なく、帰りのバスがなくて困っていたところ「うちのスタッフがちょうど帰宅するから駅まで車で送ってあげるよ〜」と言ってくださり、助けていただいた思い出が。それだけとても優しい、アットホームなカフェでもあります。ショコラティエとコラボしたオリジナルチョコレートは、パッケージが可愛いのでお土産にもおすすめ。

LOWKEY COFFEE 聖水店 로우키커피 성수점
住所 ソウル特別市城東区練武場3キル6
(서울특별시 성동구 연무장3길 6)
営業時間 13:00-21:00
instagram @lowkey_coffee

map

W×D×H

ダークグリーンの壁と階段にディスプレイされている雑貨や花がいつも可愛すぎて、こんな家に住みたい、もっと家を素敵にしたいと妄想が膨らむ店。日本の雑貨もちらほら見かけます。

内装も品揃えも素敵な雑貨店

or.er.（P136）のすぐ近くにある、ライフスタイル＆インテリアショップ。セレクトされた商品も素敵だけど、内装がとにかく素敵！ 植物のディスプレイの仕方など、暮らしに取り入れたくなるようなヒントがたっぷり詰まった店です。色とりどりのオリジナル石鹸は、オーガニックだからお土産にも喜ばれること間違いなし。世界各国からセレクトされた雑貨は、何かしら買いたくなる魅力を持っています。韓国の人は、思わず買いたくなるような素敵なディスプレイが上手だなと思うのです。

 W×D×H 더블유디에이치
住所 ソウル特別市城東区練武場キル8-1
（서울특별시 성동구 연무장길 8-1）
電話番号 +82-2-469-8675
営業時間 平日／12:00-20:00 土日／13:00-20:00
instagram @shop.wxdxh

map

RAW COFFEE STAND

聖水洞・ソウルの森
聖水エリア

通勤時間帯に行くと、サラリーマンたちが入れ替わり立ち替わりコーヒーをテイクアウトしていて、ソウルの暮らしが垣間見られます。

驚くほどプチプラの駅近スタンドコーヒー

地下鉄2号線トゥクソム駅・7番出口から出てすぐの場所にある、スタンド式コーヒー専門店。通勤前のサラリーマンがふらっと立ち寄れるラフさと、おいしいコーヒーを安価でいただけるコスパのよさを兼ね備えたおしゃれカフェです。近年高騰している韓国カフェの価格帯と比べて、カフェラテ2500ウォンと破格の安さ！ こんなにおいしくてこのお値段、家の近くに欲しい。最近はイートインできるスペースが出来たので、夏冬も快適になりました。異国感溢れるシンプルな外観は、フォトスポットとしても人気。

🏠 **RAW COFFEE STAND** 로우커피스탠드
住所 ソウル特別市城東区往十里路4キル28-2
（서울특별시 성동구 왕십리로4길 28-2）
営業時間 平日／8:00-19:00 土曜／10:00-18:00
日曜／12:00-18:00
定休日 なし
instagram @rawcoffeestand_official

map

Momento Brewers

店内に席はほとんどなく、長椅子が外にひとつあるだけ。気候のよい時期ならテイクアウトして、近くにあるソウルの森公園を散歩するのも。

バリスタにも人気のコーヒーショールーム

くすんだブルーと扉のロゴがトレードマーク。こちらはカフェというよりも、コーヒーのショールームに近い店です。「Market Lane Coffee」という、メルボルンをベースとしたコーヒー豆の公式販売店で、この豆は韓国ではここでしか手に入らないため、オープン当初はソウルカフェのバリスタたちが連日足を運び、豆がすぐ売り切れになったほど話題に。メルボルンの「Market Lane Coffee」でバリスタとして働いていた店主がいたからこそ、ソウルで公式販売をできるようになったのだそう。

「競争社会の激しい韓国の中で、聖水は古いものと新しいものが共存し、お互いに協力しあいながら助けあえる構造が出来ています。また地域住民と店を運営している人たちの関係性が、あまりにも綺麗で。そこに1番惹かれて、この場所に店を作りました」と店主。聖水の新旧が融合しているスタイルが、さすが韓国のブルックリンと呼ばれるだけあるなと思いました。

ソウルの森
聖水エリア

店の一押しはドリップコーヒーだけど、カフェラテも捨てがたいおいしさ。店内にある写真は、店主の婚約者でもある左ページのスタッフが撮影したもの。彼女の、「彼はフィアンセなの」という言葉の響きがすごく素敵で、私も言いたいと思いました。

私が伺ったときは、他のカフェのバリスタがちょうどたくさんいらしていて、入れ替わり立ち替わりみんな楽しそうに、でも真剣にコーヒーの話をしていて熱気を感じました！

Momento Brewers 모멘토브루어스
住所 ソウル特別市城東区ソウルの森2キル19-18,1F
(서울특별시 성동구 서울숲2길 19-18,1F)
営業時間 平日／8:00-17:00
　　　　　土日／11:00-19:00
定休日 木曜
instagram @momento_brewers_

SCENERY

毎月、店のインスタストーリーで定休日が公開されるので、行く前にチェックを。せっかく向かっても、休みだったときの絶望感といったら……。

シンプル可愛い 景色も楽しめるカフェ

こちらの店はクリームがたっぷりかかったドーナツと、可愛い色味のお茶とジュースが人気メニュー。シンプルなインテリアとカラフルな雑貨のコントラストがたまらないのです。秋は紅葉が綺麗で、窓から銀杏を眺めるのもよし。ファッションブランドが運営するカフェなのでショールームも併設された、スタイリッシュで広々とした空間です。ソウルの森は、実は江南区・狎鴎亭ロデオとすごく近くて、地下鉄で1駅。バスやタクシーでもすぐに着くので、江南区から移動するにも便利な立地です。

SCENERY 시너리
住所 ソウル特別市城東区往十里路78,3F
(서울특별시 성동구 왕십리로 78,3F)
電話番号 +82-10-9932-9325
営業時間 12:00-20:00
定休日 月曜
instagram @scenery_coffee

map

cafe tachi

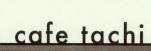

ソウルの森 / 聖水エリア

この辺りを散歩しているときに見つけたカフェ。ゆるい看板に思わず足を止めてしまいました。ひとりでも過ごしやすくて嬉しい。

焼きたてトーストは朝ご飯にもぴったり

ゆるいイラストが可愛い、こぢんまりとしたカフェ。日本映画「転々」に出てくる、「散歩」を意味する「Tachi」という言葉。ソウルの森公園近くに位置していることもあり、この名前をつけたそう。店には「POPEYE」「&Premium」など日本の雑誌があり、「日本のファッション、インテリアに興味があり、情報が多様でディテールが細かいところが好き。ナチュラルな写真の雰囲気がお気に入り」と店主。サクふわのトーストがおいしく、小腹が空いたときにちょうどよいサイズ。

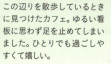 cafe tachi 카페 타치
住所 ソウル特別市城東区ソウルの森4キル15
(서울특별시 성동구 서울숲4길 15)
電話番号 +82-2-465-0415
営業時間 平日／9:00-22:00 土日／12:00-22:00
instagram @walk_to_tachi

map

HANOI102

優雅なインテリアにうっとりしつつ、何か自宅でも真似できるところはないかと観察。こちらの店は化粧室もとっても素敵！レストランの中に、綺麗な化粧室があるのも嬉しいポイントです。

インテリアが素敵なベトナムレストラン

ラグジュアリーなベトナム料理レストラン。ベトナムの富裕層の自宅ってこんな感じかな？ と思いながら、優雅に過ごせる店です。モノトーンチェックのタイルやキッチンが特に素敵で、真っ白な窓枠は映画のワンシーンのよう。サルグクス（温かい麺料理）にネム（春巻き）と、とにかく料理がおいしい！ 韓国で食べるベトナム料理は、なんでこんなにおいしんだろうと、不思議に思えるほど。夏に行くと、東南アジアへ旅行に来たような雰囲気を味わえて楽しいですよ。

HANOI102
住所 ソウル特別市城東区ソウルの森6キル18
（서울특별시 성동구 서울숲6길18）
電話番号 +82-2-469-5101
営業時間 11:30-15:00・17:00-22:00
定休日 火曜

map

漢江萌
I Love Hang gang river

ソウルを南北に流れる広大な河、漢江。江北と江南を行き来するとき、聖水へ行くときなど、ソウル滞在中に渡ることや見る機会が多いと思います。この漢江を見るたびに、私はものすごくテンションが上がるのです。河の広さに、韓国はやはり「大陸」なんだなと謎に感慨深くなり、特に車やバスで漢南大路を渡るとき、心の中は「イヤッホ〜〜〜〜!!」と北斗の拳に出てくる山賊並みのテンション。渡るだけでなく、漢江はソウルの人たちにとって憩いの場であり、暮らしの中に当然のように寄り添っているもの。河川敷でジョギングしたり、音楽を聴きながら(たまに音漏れを超えて聞かせにきているレベルの方がいて愉快)サイクリングをしたり、春秋はピクニックやバーベキューをしたり。家族と、友人と、恋人と様々に楽しそうに過ごしている姿に、暮らしを楽しむ心の余白を感じます。また、漢江デートに異様に憧れていた私は「恋人と漢江を散歩」が出来たとき、発狂しそうなほど幸せを感じました。流れる雄大な河を大好きな人と、ただ一緒に眺めるだけで最高に幸せ。漢江には夢やロマンまであるんですね(そう思うのは私だけ??)。

Day6

もっと行きたい！

少し離れたエリアにある
魅力的な店

カフェ大国・ソウルには、中心部から離れた場所に
どんどんおしゃれなカフェが増えています。
繁華街ではない辺鄙な場所でも、
ホットスポットになれば人がわんさか集まるのがソウル流。
そんなローカルな場所にあるカフェを求め、
今まで行ったことのない街へ行くのも旅の楽しみのひとつ。
大人になると初めて体験することがどんどん減っていきますが、
知らない街を散策してわくわくする気持ちは、童心を思い出させてくれます。
観光地ではない、少し遠い場所もあるけど、ぜひ行って欲しい!
愛おしい大好きなカフェと店を集めました。

Saliy's voice ちょっと遠出するときは、ルート決めが重要!
周辺に行きたいカフェがあるか事前にチェックを。

Maison de Avecel

オーナーがデザインしたシグネチャーカップ&ソーサー(15000ウォン)は、可愛い上にお手頃価格。在庫があれば、即買いです。

路地裏にあるサロンのようなカフェ

ソウル駅近郊にある人気カフェAvec elの2号店が、2019年1月大学路(テハンノ)にオープンしました。流行の移り変わりが激しい韓国カフェの中でも、2007年から長年高い人気を誇るAvec el。その2号店が出来るということで、私はオープンの日をそれはそれは楽しみにしていました(待ちきれなくて、オープン日は20分前から店頭で待機したほど)。

ペールトーンで統一された柔らかな空間。人気店の模倣のようなカフェや、一度行けば満足な店もたくさんあるけど、ここは何度行っても飽きない。多いときは週に2、3度通ってしまうくらい何度でも行きたくなる。なぜこんなに惹かれるのかを自分なりに分析してみた結果、私はオーナーのセンスが詰まったカフェが好きだということに気づきました。Avec elにはオーナー独自のセンスとこだわりを、インテリアやデザート、ひとつひとつを通して感じられます。カーテンから差し込む柔らかい陽の光が心地よく、友達とおしゃべりするにもひとりでゆっくり過ごすにもよいカフェです。

シフォンケーキと季節のケーキが特におすすめ。個人経営のカフェはデザートをパティシエが作っていないことが多く、生地がモサモサだったり、「可愛いけど味は普通である」と私の中の海原雄山(『美味しんぼ』登場人物)がうずくことも多いのですが、ここのデザートは全部おいしい。

チョコとクリームのコラボが最高な「melting choco」。「strawberry soda」「honey grapefruit tea」など果物がゴロゴロ入ったソーダ、お茶類も充実しています。

🏠 Maison de Avecel 메종드아베크엘
住所 ソウル特別市鍾路区東崇4キル30-3,1F
(서울특별시 종로구 동숭4길 30-3,1F)
電話番号 +82-70-7626-0425
営業時間 12:00-20:00
定休日 日曜
instagram @avec.el

map

カフェ キイロ

もともとは自分の料理スタジオとして使うつもりだったものの、いつの間にかカフェとして営業していたのだそう。そんな柔軟さが素敵。

季節ごとに行きたい 大学路の隠れ家カフェ

古びたビルの2階へと上り、木の扉を開けると「ここは日本……?」と思ってしまうような空間が広がります。昭和を感じるレトロな木製家具に、日本の珈琲の本まで並ぶ棚。

小さな本棚から気になる本を取り出し、読書しながらお茶。ヴィンテージの洋食器にのせられたおいしい季節のケーキに、温かいコーヒー。日本の本も韓国の本もあるので、日韓どちらの文化も楽しめて嬉しい。文系の身としては最高に大好きな、ほっと休まる時間を過ごすことができるカフェです。聞けば、店主が好きな東京と京都のカフェからインスピレーションを受け、カフェ キイロを作ったのだそう。そしてこちらのケーキは本格派。日本の中村調理製菓専門学校で製菓の勉強をし、2016年にはワーキングホリデーを使いケーキショップで仕事をしていた店主が、腕によりをかけ作っているからです。旬の果物と材料で作られている季節のケーキ。「今食べておかないと!」と焦燥感にかられてしまう、季節ごとに行きたくなる店です。

「キイロ＝木色」のインテリアは、心が温まります。チョコと抹茶のテリーヌ、トーストは人気メニュー。週末はウェイティングすることも。ひとりで過ごしている女性が多いのも特徴的。

昔ソウル大学があった街・大学路。「学生時代からここにはいいカフェがなくて。もしカフェを開くなら大学路でと、ずっと思っていた」と店主。最近、カフェが増えつつある地域です。

カフェ キイロ 카페 키이로

住所 ソウル特別市鍾路区昌慶宮路26キル41-3,2F
(서울특별시 종로구 창경궁로 26길 41-3,2F)
電話番号 +82-2-747-0848
営業時間 12:00-20:00
定休日 月・火曜
instagram @ki___iro

近くに来たら寄りたい店

好好食堂 (ホホシクタン)

韓屋を改装した、日本食食堂。新旧をミックスしたモダンなインテリアが、素敵でおしゃれ。一時期よりはだいぶおさまったものの、週末は行列ができる人気店です。ひとり用のすき焼きセットやサーモン丼が人気メニュー。ほっとするおいしさです。海外で食べる日本食は一味違って面白い。

好好食堂 호호식당
住所 ソウル特別市鍾路区大学路9キル35
(서울특별시 종로구 대학로9길 35)
営業時間 11:00-15:00・17:00-22:00
(L.O.21:00)
instagram @hohosikdang

Cafe Onion 弥阿店

広々とした空間に点々と椅子が。この空間の無駄遣いこそ、韓国カフェの醍醐味。席間に余裕があることで、気持ちにも余白が生まれます。

自然の光を楽しむアート空間カフェ

「Onionがなかったら、この駅で降りることはなかっただろうな」と思うようなローカルな街、弥阿。そんな風に思ってしまうほど、正直普通の街であります。でも、これこそがCafe Onionの目的。「話題のカフェがあることで人が集まるから、カフェをきっかけにローカルなソウルの街を楽しんでもらいたい」という意図があるのだそう(韓国は辺鄙な場所でも話題・人気の店には不思議なほど人が集まる)。

元郵便局を、ギャラリーのようなアートなベーカリーカフェへとリノベーション。光の演出でカフェを表現するため、インダストリアルで無機質な内装デザインに。窓ガラスもあえて外からの風景を遮断し、日中は東側から入る自然光を楽しめ、夜は照明で空間演出を施しているのです。日中は照明を使わず自然光のみなので、太陽が東から西へ上り移動するとともに窓の色が変化していきます。時間ごとに変化する光と空間を楽しめる、クリエイティビティ溢れるカフェです。

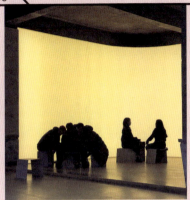

夜来るとロマンティックさが増し、放課後のようなセンチメンタルな気分に。好きな人や恋人と来ると盛り上がるでしょうね。いいな。きっとLOVE SHOTです（EXOネタ）。

スクリーンの前に座っているだけで、自分が作品の一部になったような感覚に。夕方から夜にかけて暗くなっていく様子を見るのも、楽しいものです。

Cafe Onion 弥阿店 어니언 미아점
住所 ソウル特別市江北区ソルメ路50キル55
(서울특별시 강북구 솔매로50길 55)
営業時間 10:00-22:00 (L.O.21:30)
定休日 インスタグラム参照
instagram @cafe.onion

map

近くに来たら寄りたい店

イレトンカス

Cafe Onionスタッフおすすめのトンカツ屋。サクッと揚がった、大きなトンカツがおいしい！ 韓国のトンカツは薄切り豚で、ソースも日本とは違って面白いのです。トンカツ以外に、チゲやビビンバなど韓国料理もある街の食堂。おいしい店の情報は現地の人に聞くのが1番ですね。ちなみに韓国ではトンカツのことを、トンカスといいます。

map

イレトンカス 이레돈까스
住所 ソウル特別市江北区
ソルメ路50キル34
(서울특별시 강북구 솔매로50길 34)
営業時間 10:00-23:00

CENTER COFFEE 明洞店 ミョンドン

156

グレーの帽子が可愛いスタッフたち。モデルかと思うような、爽やかイケメンバリスタがいることも。顔が小さく、目の保養になるスタイルのよさです。

チャンピオンが手掛ける本格コーヒーカフェ

イギリスのバリスタチャンピオンという、輝かしい経歴を持つパク・ソンホさんが代表を務めるカフェ。1号店であるソウルの森店が話題となり、明洞にもオープン。観光地である明洞はチェーン店が多かったので、小洒落たカフェが出来て嬉しかったものです。買い物で疲れたとき、ちょっと休憩したいときにちょうどよいカフェ。豆からこだわった本格コーヒーをいただけます。ビジネス街が近く、平日は仕事をしているサラリーマンも多いです。

CENTER COFFEE 明洞店 센터커피 명동점
住所 ソウル特別市中区明洞キル89
（서울특별시 중구 명동길 89）
電話番号 +82-70-4177-0124
営業時間 平日／8:00-21:00 土日／10:00-22:00
定休日 インスタグラム参照
instagram @centercoffee

map

vacances

徒歩1分の場所には書店「ARC.N.BOOK」があり、本と雑貨が楽しめ、お茶やご飯もできます。本のアーチは壮観です。

オフィス街にある爽やか空間

地下鉄2号線・乙支路入口駅(ウルチロイック)から徒歩3分。おしゃれなカフェが続々とオープンしている乙支路にデビューしたvacancesは、ビルの9階にある景観よしの開放感たっぷりなカフェ。明洞のロッテ百貨店からも近く、こんな場所にまでおしゃれなカフェが……と感動してしまうほど、痒いところに手が届く立地。オフィス街を眺めながら飲むコーヒーは、さながらジョー○アのCMのよう。コーヒーだけでなく、韓国のお餅デザートやビールも飲めたりと、オフィス街の癒しスポットでもあります。

🗂 **vacances** 바캉스
住所 ソウル特別市中区南大門路9キル12,9F
（서울특별시 중구 남대문로9길 12,9F）
営業時間 12:00-23:00（日曜は21:00まで）
定休日 月曜
instagram @vacances_coffee

map

my butter dream

付近には最近カフェが続々とオープンしているエリア、地下鉄4号線・誠信女大入口駅が。my butter dreamは142番(青色)バスに乗れば、新沙駅まで約50分、乗り換えなしで行けます。

夢が詰まった可愛いキッチン

韓国で人気のデザートカフェ「記念日プロジェクト」の店主が新たに始めた、テイクアウト専門のケーキショップ。ドリーミーな名前にふさわしい、可愛らしい店です。イートインスペースがないため、気候のよい時季に行き"おいしいスイーツを買って漢江でピクニック"なんてどうでしょう？ キャロットケーキも苺シュークリームもおいしかったですよ。2019年1月のオープン日に行った際、整理券は即配布終了。極寒の中1時間待つという苦行でしたが、本書発売時期には混雑が落ち着いていることを願います。

my butter dream 마이버터드림
住所 ソウル特別市城北区仁村路43
（서울특별시 성북구 인촌로 43）
営業時間 13:00-17:00
定休日 インスタグラム参照
instagram @mybutterdream

map

flot

とても朗らかな店主。「ひとりで来たの？ 大丈夫？」と、旅人への心遣いにほろり。怒ることなんてあるのだろうかと思うほど、穏やかです。

郊外にある昭和的ヴィンテージカフェ

弘大からさらに上った恩平(ウンピョン)区という、辺鄙な場所にあるflot。郊外の一軒家を自らDIYし、ヴィンテージが好きだという店主が作る空間は、「好きなものばかり集めた」という通り、オリジナリティに溢れていて楽しい。窓から緑を眺めて、憩いのひととき。私が伺ったときはなぜか日本の昭和歌謡が流れていて、山口百恵さんの曲が流れてきたときは、思わず「なんで知ってるの？」と聞いてしまいました。韓国なのに昭和感とコケティッシュな可愛さが溢れるカフェです。

flot 플로
住所 ソウル特別市恩平区西五陵路20-1
（서울특별시 은평구 서오릉로 20-1）
電話番号 +82-2-355-4862
営業時間 11:00-22:00（L.O.21:30）
定休日 水曜
instagram @flot_nokbeon

map

MUINE

週末のお昼どき、混み合ってくると料理が出てくるのに時間がかかることも。週末は早めの時間に行くのがベター。

雑貨も可愛いベトナムカフェ

地下鉄7号線・内方駅(ネバン)から徒歩5分ほど。住宅街の中にぽつんとある、柔らかなピンクとクリーム色の可愛らしいカフェ。どこかリゾート感を感じる店だと思っていたら、ベトナムのカフェをイメージしているのだそう。店内のインテリアに使われている星マークはそういうことかと納得。

店の名前がついた「MUINE Coffee」は、濃いエスプレッソに牛乳を入れ、甘く仕上げたベトナムコーヒーのこと。飲みやすくちょっと懐かしい甘さで、とてもおいしかったです。パリッとした生地と爽やかな甘みがおいしいワッフル「MUINE Strawberry Clutch」は、見た目よりもボリュームたっぷり。

カフェがないと来ないであろう街ですが、梨泰院からそのままタクシーで下まで降りるか、または高速ターミナル駅から7号線で1駅なので、ショッピングモール「GO TO MALL」でお買い物される方は機会があれば立ち寄ってみてください。比較的移動しやすいと思います。7号線は新しい路線なので綺麗で、エスカレーターも完備されていて快適です。

韓国人作家の素敵な器ブランド「you and wednesday」。シンプルな佇まいと、手で持ったときの感触が気持ちよくて、朝ご飯用の器にと購入しました。

可愛いスタッフが、「この前東京に友達と彼氏と遊びに行って、『孤独のグルメ』(韓国で非常に人気)に出てくるお店に行ったよ！ すごく楽しかった〜」と話してくれて、きゅん。

MUINE 무이네
住所　ソウル特別市瑞草区方背路32キル30-9
(서울특별시 서초구 방배로32길 30-9)
電話番号　+82-2-532-9755
営業時間　月〜土曜／10:00-22:00 (L.O.21:00)
　　　　　日曜／10:00-19:00 (L.O.18:00)
定休日　インスタグラム参照
instagram　@muinecafe

map

近くに来たら寄りたいレストラン

教大2階家 本店

韓国人の食いしん坊友達に教えてもらったサムギョプサル店。熟成豚を行者にんにくに包んで、さっぱりいただくスタイルです。サムギョプサルを頼むと、海鮮鍋がついて来るのも嬉しい。出汁の利いたピリッと辛いスープが、豚肉とぴったり！ 平日でも食事時は満席になるほど、現地の人から親しまれている店です。

map

教大2階家 本店
교대이층집 본점
住所　ソウル特別市瑞草区瑞草大路50キル24
(서울특별시 서초구 서초대로50길 24)
電話番号　+82-2-525-6692
営業時間　11:00-00:30
定休日　祝日

ffroi cafe

162

店内の椅子やテーブルは、デザイン会社であるffroiが手掛けたもの。革製品も作っていて、インテリアにも使われています。インテリアも楽しめる、男性にもおすすめの店です。

インテリアも楽しめるメンズライクなカフェ

Camel coffee（P135）で働いていたバリスタのカン・ドンユンさんが独立し、オープンしたカフェ。日本でのワーキングホリデー経験もあり、こちらがカタコトになるほど日本語堪能。おいしいコーヒーの他、人気菓子店「HEY ME!」のマカロンもいただけて、一石二鳥感がすごい。コーヒーの看板メニュー「VINTAGE VANILLA」と「LEMON ZEST LATTE」は味の変化が楽しく、甘党の方におすすめ。本書で紹介しているカフェの中で1番辺鄙な場所にありますが、聖水エリアからは比較的近いです。

🏠 ffroi cafe 프루아 카페
住所 ソウル特別市広津区東一路411
（서울특별시 광진구 동일로 411）

電話番号 +82-2-499-8410
営業時間 11:00-22:00
定休日 日曜
instagram @ffroi_cafe

map

index

高くそびえる本棚が素敵。オリジナルのindexとプリントされた紙コップはお気に入りで、よく購入しています。文房具も可愛くてお手頃。

感度が磨かれる居心地よい書店カフェ

建大入口駅付近にあるコンテナショッピングモール・COMMON GROUNDの3階に入店している書店index。THANKS BOOKS（P102）が手掛ける、何度も通いたくなる居心地よい書店です。2階はコーヒーを飲みながら購入した本を読める、カフェスペースになっています（購入していない本は読めません）。韓国のライフスタイル雑誌や書籍も豊富に取り揃えており、店内で本を物色しているだけで些細な幸せを感じる空間。買った本を、コーヒーを飲みながら読む瞬間は本当に幸せです。

index 인덱스
住所 ソウル特別市広津区峨嵯山路200
（서울특별시 광진구 아차산로 200 commonground3F）
営業時間 11:00-22:00
定休日 旧正月、秋夕

map

coin de paris

フードメニューは小ぶりで、値段もリーズナブル。ひとりで来て、数品頼む女性も多くいます。

フレンチカフェをソウルで再現

オリンピック公園近く、地下鉄5号線・芳イ(パンイ)駅から徒歩5分ほど。今年3月に正式オープンしたカフェ「coin de paris」。プレオープン期間中から話題のカフェで、インスタグラムで店の写真を見たときに「私はここへ行かなければならない。I have to go here」と確信。店主が1番好きな街・パリをイメージして作られたそのカフェは、想像以上の可愛さ。シックなダークグリーンの壁にワイン色のソファー、ビストロチェア……もうため息しか出てこないほどのジュテーム。パリの街角にあるような、シックなフレンチカフェなのです。コーヒーはなく、10種類の紅茶とミルクティー、そしてワインを楽しめます。紅茶に魅了され、ティーソムリエの資格まで取得したという店主が「より多くの人にお茶の魅力を知って欲しい」という想いから茶葉を厳選しているのだそう。おいしい紅茶とクロワッサンで、ここにいる瞬間だけはパリ気分を満喫できる、時間旅行カフェです。

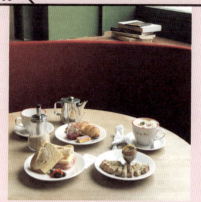

ひとりで来ている女性客を眺めながら、「韓国も随分ひとりカフェがしやすくなったなぁ」と、カフェ巡りを始めてからたった2～3年ほどしか経っていないのに感慨深くなるのでした。

100%のフランス産小麦粉と最高級aopバターのみを使用し、フランスで作られたパンを使用。たっぷりのバターとハムを挟んだ「JambonBeurre」はワインとも相性がよさそう。

coin de paris 꼬앙드파리
住所 ソウル特別市松坡区馬川路7キル18
(서울특별시 송파구 마천로7길18)
営業時間 11:30-21:00 (L.O.20:30)
定休日 月曜
instagram @coindeparis_

map

近くに来たら寄りたいレストラン

コドシッ

フードプロデューサーとして活躍する代表が手掛ける、熟成豚のサムギョプサルをBBQスタイルでいただける店。脂っぽさがなくて、さっぱり！特製醤油ダレと調味粉をつければ、いくらでも食べられてしまうおいしさです。ソウル現地で人気のローカル店。

コドシッ 고도식
住所 ソウル特別市松坡区百済古墳路45キル28
(서울특별시 송파구 백제고분로45길 28)
営業時間 月～金曜／17:00-00:00
　　　　　　土日／16:00-00:00 (L.O.22:50)
instagram @godosik92

map

murmur

「女子の好きが詰まったキュートなカフェ」であるものの、シックな可愛さに寄せているのが大人の女性からも支持される理由かも。この抜け感の作り方は、さすが韓国カフェだなと思います。

欧州的 大人ピンクなカフェ

外観から欧州チックな雰囲気漂うカフェmurmur（韓国語だとモモと読む）。可愛いスタッフたちが作る"European baking snack"は、絵本に出てくるようなこれまた可愛らしいスイーツばかり。1番人気のフィナンシェ（オリジナル、ゆず、黒ごま、キャラメル、チョコ）は、軽やかな口当たり。春秋はテラス席で過ごしても気持ちいいですよ。テイクアウトボックスも可愛いので、ピクニックアイテムにもぴったり。ここにひとりで来ることができる男性は、勇者だと思います。

🏠 murmur 머머
住所 ソウル特別市松坡区三学士路18キル 5
（서울특별시 송파구 삼학사로18길 5）
電話番号 +82-10-8612-4967
営業時間 12:00-19:00 (L.O.18:30)
定休日 火曜
instagram @cafe.murmur

map

fill coffee

もっと行きたい！

アップルシナモントーストは、砂糖漬けのシャキシャキとしたリンゴが爽やか。ひとりでボ〜っと過ごせる、居心地のよいカフェです。

シンプルカフェ好きにコーヒーとおやつ時間

coin de paris（P164）から徒歩10分ほどの場所にある、小さなシンプルカフェ。温かい瞳で見守ってくれるような、静かな時間を過ごせる空間です。オーダーしてから作られるトーストは、調理風景も見ることができるので、つい覗き見。この近辺は巨大なオリンピック公園の他にも、小さな公園がたくさんあり、散歩がてらカフェ巡りをしても◎。カフェのある蚕室(チャムシル)はソウル中心部から距離があるため、今日は蚕室を巡るぞ！ と決め、半日〜1日時間が取れると、余裕を持って巡ることができます。

🗂 **fill coffee 필커피**
住所 ソウル特別市松坡区中台路34キル13
（서울특별시 송파구 중대로34길 13）
電話番号 +82-70-4249-4429
営業時間 11:00-19:00
定休日 月曜
instagram @fill__coffee

map

5 Lawns 7:04

アルバム収録曲が書かれている看板がまたかっこいい。「君はどんな音楽を聴くの？」と聞かれて、「あ〜、ジャズとか坂本龍一が好きだね」って、無駄に気取った嘘をついてごめんなさい。

外観がかっこいい！シンプルクールな店

ここ最近話題のカフェが続々オープンし、カフェ好きの間で注目されている街・蚕宝にある5 Lawns 7:04。ジャズピアニスト・Carla Bleyのアルバム「Sextet」の収録曲「Lawns 7:04」という曲が好きで、そこからカフェの名前をつけたのだそう。まず独特な建築に視線を奪われますが、内装もシンプルでかっこいい。こんなにおしゃれなカフェなのに、目の前には近所の子どもが遊ぶ小さな公園と食堂があり、暮らしの中に溶け込んでいるギャップに親近感が湧きます。

5 Lawns 7:04 론스
住所 ソウル特別市松坡区百済古墳路43キル8
(서울특별시 송파구 백제고분로43길 8)
電話番号 +82-2-6402-5704
営業時間 12:00-22:00
定休日 月曜
instagram @5_lawns_7_04

map

coffee and cigarettes

ハイプロティンチリベーグルは、ピリッとした塩辛さがおいしい。おかず的なスパイシーなものが食べたくなったときはここに。

早朝オープンの絶景カフェ

17階からソウルを見渡せる景色が最高！ 7時半オープンで、ソウル滞在時間をフル活用できるから旅人には嬉しい。「忙しい都会人の日常に素早く休息を」という Express Time Out を哲学に、コーヒーとタバコを販売しています（タバコは販売のみ。店内は禁煙）。多忙な日常の中で、少し休息を取ることでインスピレーションを得ようという試みなのだとか。オフィス街にあるので、朝はテイクアウト、昼は休憩中のサラリーマンで溢れます。ショールームには可愛いナイトウェアがたくさん。

coffee and cigarettes 커피앤시가렛
住所 ソウル特別市中区西小門路 116,#1706
（서울특별시 중구 서소문로 116,#1706）
電話番号 +82-2-777-7557
営業時間 月〜金曜／7:30-21:30
土曜／11:00-21:30
定休日 日曜　**instagram** @coffeeandcigarettes1706

map

hoody goody seoul

ビルの2階にあるので、見逃さないようご注意を。韓国カフェは、カフェの可愛さと周りの風景とのギャップが本当に激しいのです。

可愛いスイーツは女同士でつつきたい

カフェ密集地帯の地下鉄4号線・淑大入口駅(スクデ)にあるhoody goody seoul。季節ごとに替わるデザートは、女子のときめきを呼び起こす可愛さ。わさびの利いたたまごサンドは人気メニューで、ふわふわなたまご焼きを楽しめます。大学近くなので、女子大生やひとりで来ている女性も多い印象。可愛い食器とそれにのせられたメニューに心躍り、ついたくさん注文したくなる店。ひとりでのんびりもいいけど、友達とシェアしながら「可愛い〜」ときゃっきゃしたくなるカフェです。

hoody goody seoul 후디구디서울
住所 ソウル特別市龍山区漢江大路84キル14
(서울특별시 용산구 한강대로84길 14)
電話番号 +82-10-6426-2668
営業時間 12:00-22:00
定休日 月曜
instagram @hoodygoodyseoul

map

Travertine

もっと行きたい！

ストリートスタイルがキマっているおしゃれなスタッフは、見た目はクールだけど、とても優しくてフレンドリー。

韓国伝統家屋を洗練されたカフェに

レトロな韓国と洗練された新しいソウルをテーマに、古い韓国伝統家屋を改造したデザインが素敵なカフェ。北欧・デンマークの「La cabra」やオーストラリアの「Market Lane Coffee」など、国内外のスペシャリティコーヒーを提供しています。定期的にゲストバリスタを呼んでイベントを開催し、コーヒーを通して人々を繋げる試みをしているそう。こちらの手作りプチドーナツ、中に入っているクリームが濃厚で口当たりもよく、大変おいしゅうございました。天気のよい日は、テラスでお茶しても◎。

🏠 Travertine 트래버틴
住所 ソウル特別市龍山区漢江大路7キル18-7
（서울특별시 용산구 한강대로7길 18-7）
電話番号 +82-70-8862-6003
営業時間 11:00〜22:00 (L.O.20:30)
定休日 月曜
instagram @travertine_cafe

map

MODULAR

平日は8時から開いているのも嬉しいポイント。朝しゃっきり目覚めたいときの一杯にもどうぞ。

ソウル駅近くのおしゃれなコーヒー店

ソウル駅10番出口から徒歩5分というアクセスのよさ。坂道を登ると、シックなカリブ色の外観に視線を惹きつけられるはず。こちらで使われている豆は、スペシャリティコーヒーDukes coffee。メルボルンとソウルにしか店舗がないブランドで、カフェラテが特においしいです。ソウル駅付近でおいしいコーヒーを飲みたくなったときはぜひ。余談ですが、夕方・夜便で帰国する際は、ソウル駅都心空港ターミナルでできる「事前搭乗手続き」が便利！ 荷物預かりサービスもあり、手続き後は身軽に観光できます。

MODULAR 모듈러
住所 ソウル特別市中区厚岩路58キル19
(서울특별시 중구 후암로58길 19)
電話番号 +82-10-5021-4071
営業時間 月〜金曜／8:00-18:00
土曜／11:00-17:00
定休日 日曜・祝日　**instagram** @modular.official

map

rawpie table

K-POPグループ・NCT Dream「We young」のMVに使われた食卓。アイドルのMVや、雑誌の空間ディレクションなども手掛けています。

クリエイターが作った創作レストラン

クリエイター集団rawpie seoulが手掛けるPOPなレストラン。おいしい創作イタリアンがいただけます。ソウルのイタリアンレストランで修業したヘチャンさんがひとりで切り盛り。忙しくてもいつも朗らかに対応してくれる、とても優しい兄さんです。旅行好きで、特にヨーロッパに行くと現地の食や風土からインスピレーションを受け、自身の料理に反映させているそう。インスタグラムのDMから予約できるので、翻訳機を使ってぜひ韓国語か英語でチャレンジしてみて。

📁 **rawpie table** 로우파이테이블
住所 ソウル特別市龍山区厚岩路20-1
(서울특별시 용산구 후암로 20-1)
電話番号 +82-10-9044-8050
営業時間 12:00-15:00・17:00-22:00
定休日 月曜
instagram @rpt_ownerchef

map

huelgo

看板メニューの「BROWN CREAM」は、ラテに軽い口当たりのクリームがのって、ほんのりとした甘さがおいしい。

坂の上カフェでまったりと

丘上の集合住宅の脇にあるカフェ、huelgo。急な坂道を登るので、ぺたんこ靴でのぞむことをおすすめします。午前中に訪れると焼き菓子を焼いているいい香りが。ひとりで来て仕事をしている人もいて、ゆっくり落ち着いてコーヒーをいただける店です。周りはアパートばかりなので、近所の人がふらっと来てコーヒーを買っていくことも。K-R&Bが好きな店主がかける音楽も心地よく、ひとりでカフェを巡る方には特に推薦したい店です。

huelgo 후엘고
住所 ソウル特別市麻浦区麻浦大路11キル118
(서울특별시 마포구 마포대로11길 118)
電話番号 +82-2-712-9265
営業時間 月〜土曜／11:00-20:00 日祝／11:00-18:00
定休日 第2、4月曜
instagram @huelgocoffee

map

李博士の新洞マッコリ

もっと行きたい！

白菜のジョン（天ぷら）のおいしさに感動し、後日ひとりで行って一皿完食。サクサクなのにジューシー。思い出すと、また食べたくなります。

やかんのマッコリと上品な韓国家庭料理

アジアのおいしい店を知りつくしている食いしん坊番長・ライターの桂まりさんに教えてもらった居酒屋。オフィス街にあるため、夜は仕事終わりのサラリーマンで賑わいます。平日でも人がいっぱい。真鍮製のやかんでいただくマッコリは、キンキンに冷えていておいしい！ ソコギ（牛肉）ジョン、ユッケなど、上品な味付けで何をいただいてもおいしかったです。マッコリとの相性も最高！

李博士の新洞マッコリ 이박사의 신동막걸리
住所 ソウル特別市麻浦区土亭路263
（서울특별시 마포구 토정로 263）
電話番号 +82-2-702-7717
営業時間 12:00-23:30
定休日 旧正月、秋夕

map

早く早く！빨리빨리！

韓国にいると「빨리빨리」精神を日々感じます。些細なことからいえば、バスに乗車するときはまさに「빨리빨리」！ ぼーっと待っていると、置いて行かれます。バスが来たら自分から向かい、駆け足で乗車。急いで急いで！ そして何かが流行るとそれを模したもの、あるいは越えてくるものがすごい速さで巷に溢れます。韓国カフェにしても、たった数年前まではこんなにおしゃれな個人カフェはなかったと聞きますから、その増え方と技術の進化の速さに舌を巻きます。もともとパティシエではない人がお菓子を作っていることが多いと前述しましたが（P151）、お菓子教室に通ったり海外で修業したり、必死に独学で勉強したり、努力の量と姿勢は本当に尊敬していますし、やる・やめると決めたときのスピード感はまさにワイルドスピード。なので、流行の移り変わりも、カフェの移転やリニューアル、閉店もとても多いのですね（飽きっぽいからという説もあり）。私は韓国人の友人からも「落ち着きなよ」とたしなめられるほどせっかちなので、「빨리빨리」精神はとても居心地がよいのです。高速スピードなのに、驚くほどのんびりしていたりおおらかな部分もあって、そのギャップにいつも肩透かしを食らいながらも、韓国のトンチキ的魅力だなと感じています。

Saliy's
HOTEL GUIDE

韓国に通い始めた頃、とにかくたくさん渡韓したい私は
旅費を節約するため、必死に安い宿を探していました。
小さな窓が変な場所にある、監獄のような
部屋がとにかく暗い雰囲気だった某ゲストハウスは、
今でも忘れられません。
1泊4000円ほどとまぁお値段相応なので贅沢は言えないものの、
そこにひとり帰るときの侘しさといったら……。
場所もわかりづらく、韓国初心者の私は夜中に迷いまくり、
近隣のホテルの人に半泣きで場所を聞く始末。
不安で仕方なかったですね。日本が恋しくて、冬。
今ではその値段を出すなら、ちょっと地方にある
綺麗なairbnbに泊まるという知恵をつけました。
もちろん、人それぞれ価値観は違うので、
宿はどんなところでも気にならないという方もいらっしゃると思います。
しかし、今回はひとり旅のときに心強い、ホテルに帰りたくなる
完全に主観のおすすめホテルをご紹介します。
私はいつもエクスペディアでホテルを予約していますが、
みなさんそれぞれのライフスタイルに
あった方法でご予約くださいね。

Saliy's Standard

私がホテルを選ぶ基準は、
❶窓があり明るい
❷清潔・水場が綺麗
❸大通り沿いにある・アクセスがよい
です。

※宿泊費は予約サイトや日によって変動します。

新羅ステイ麻浦（マポ）

もはやソウルの常宿　安心信頼の新羅ステイ

孔徳駅1番出口からすぐ！ 新羅ホテルのビジネスホテル「新羅ステイ」。まず、新羅ステイはデザインがおしゃれ。シンプルながらもスタイリッシュな部屋で清潔、快適。水周りも綺麗だし、バスタブがついているのも嬉しい。バスローブもあって、アメニティはAVEDA。ビジネス街なので落ち着いていて、食事できる店も多く、Fritz孔徳店もすぐ近く。大通り沿いに面しているので、夜中でも安心して帰ることができます。何度泊まったかわからないソウルの常宿、ノーストレスなホテルです。

新羅ステイ麻浦

住所　ソウル特別市麻浦区麻浦大路83
（서울특별시 마포구 마포대로83）

アクセス　地下鉄5・6号線・空港鉄道・京義中央
　　　　　　孔徳駅1番出口から徒歩3分
仁川空港リムジンバス6015番乗車で約1時間
「孔徳駅／ロッテシティホテル麻浦／新羅ステイ麻浦」
（バス専用レーン）停留所から徒歩2分

電話番号　+82-2-2230-0700
URL　www.shillastay.com/mapo

1泊1室（シングル）8,000円〜

map

GLAD 麻浦(マポ)

Hotel

アクセス抜群！スタイリッシュホテル

こちらは孔徳駅8番出口直結のホテル。GLADはデザイナーズホテルで、スタイリッシュ。とにかく綺麗でかっこいい。シンプルイズベスト、以上。フロントのお姉さん達も優しいです。

孔徳駅がなぜ便利かというと、まず地下鉄空港線が通っているので空港へのアクセスよし。その空港線で弘大入口駅まで4分、ソウル駅まで4分。次に地下鉄6号線が通っているので、カフェ密集地帯である漢江鎮駅(ハンガンジン)(漢南洞)、上水駅(サンス)〜望遠駅(マンウォン)も1本で行け、さらに地下鉄5号線が通っているので、鍾路3街駅(チョンノ)経由で景福宮方面も行きやすいのです。カフェ巡りに最高の立地です。

📁 **GLAD 麻浦**
住所 ソウル特別市麻浦区麻浦大路92
(서울특별시 마포구 마포대로92)
アクセス 地下鉄5・6号線・空港鉄道・京義中央
孔徳駅8番出口から徒歩2分
電話番号 +82-2-2197-5000
1泊1室(シングル)10,000円〜

map

HOTEL CAPPUCCINO

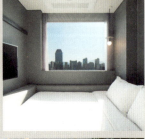

コンパクトで綺麗 江南の可愛いホテル

江南エリアをメインに遊びたいときは、やはり南にいるのが便利。ソウルって意外と広いもので、左端から右端へ行こうとすると、余裕で1〜2時間はかかります（深夜タクシーを飛ばせば早く着くかも）。地下鉄9号線・彦州駅(オンジュ)から徒歩3分ほど。江南の大通り沿いにあるので、夜遅めのチェックインでも安心安全な治安のよさ。江南の安心感たるや！ 部屋は狭いですが、インテリアが可愛くてテンションが上がるはず。コンパクトで綺麗!! おしゃれなデザイナーズホテルです。1階には9時から開いている素敵なカフェもあり、使い勝手よし。

HOTEL CAPPUCCINO

住所 ソウル特別市江南区奉恩寺路155
(서울특별시 강남구 봉은사로 155)

アクセス 地下鉄9号線 彦州駅から徒歩3分
仁川空港リムジンバス6703番に乗車し
「サムジョンホテル」停留所で降車

電話番号 +82-2-2038-9611
1泊1室（シングル）10,000円〜

map

コンラッド・ソウル

ホテル篭りしたくなる5つ星ラグジュアリー

リーズナブルではないのですが、素晴らしすぎてどうしてもどうしても紹介したい!! ビジネス街・汝矣島(ヨイド)駅にあり、金浦空港からも仁川空港からも好アクセスで、高級ショッピングモール・IFCモールにも直結。5つ星のラグジュアリーホテルです。ホテルに足を踏み入れた瞬間、ここ最高……と一瞬で惚れました。窓からは漢江が見え、デザイン性の高いインテリアに広々とした空間。寝心地最高なベッド。すべてが上質でラグジュアリー。Apple TVが見られたり、Nespressoのコーヒー&エスプレッソメーカーまで完備されていたりと、快適なホテルライフを過ごせます。むしろ、ホテルから出たくなくなってしまうかもしれません。

コンラッド・ソウル

住所 ソウル特別市永登浦区国際金融路10 (서울특별시 영등포구 국제금융로10)

アクセス 地下鉄5・9号線 汝矣島駅 3番出口から動く歩道に沿って進みIFCの入口に入り、「8 Seconds」の前にあるエスカレーターでL1に上がります。「Stradivarius」と「Bershka」の間にコンラッド・ソウルの入口があります。仁川空港リムジンバス6030番乗車で約1時間

電話番号 +82-2-6137-7000

1泊1室(シングル) 25,000円～

map

韓国で買って帰りたい
おすすめ土産

ドリップコーヒーパック

カフェで販売しているドリップコーヒーパックは、自宅用にもお土産用にもおすすめ。パッケージが可愛い上に、おいしい。私はいつもAnthracite（P16）、MILESTONE COFFEE（P52）、Fritz（P110）、Maison de Avecel（P150）、Center coffee（P156）などのものを、家に常備しています。カフェのオリジナルグッズも可愛いので、グッズを販売しているカフェはぜひチェックしてみてください。散財する準備はできている。

メディヒールのmasking layering ampoule

美容パックの進化版アンプル。ソウルに来た友達におすすめしまくっていて、大好評の美容液です！ 3本入りで定価11000ウォンほどですが、セールをしていることもよくあるので、8000ウォンほどで購入できることが多いです。パープル、グリーン、ブルーの3種類あり。お風呂上がりや朝の洗顔後に、3滴ほど垂らせばOK（肌が潤っていると感じるまで）。

Pad

韓国で大流行を超えて、もはや定番アイテムとなっている「Pad」。化粧水を含ませた円形のコットンを朝起きたときの洗顔代わりに、化粧直しに、お風呂上がりの最初のスキンケアに使います。余分な角質を取り、肌に保湿も与えてくれる優れもの。各ブランドから出ていますが、1番人気なのはゆるいおじさんのイラストが目印の「Cosrx」のもの。私も使っていて、肌が柔らかくなっているような気がします。肌が弱い人には水色のモイスチャータイプがおすすめで、1番人気は赤色のものです。

---

abibのシートマスク

韓国で人気のスキンケアブランド「abib」のパックがよすぎる。シートマスクをして寝た翌日の朝は、肌が明らかにふっくらしているんです。ドラッグストア・オリーブヤングで独占販売中。全7種類・定価4000ウォンのものが、セールで半額になっていることがあるので、お得なときにぜひお試しあれ。人気のため、セール期間中は売り切れになることもあります。私はこれがないと不安すぎるため、リスのように買い溜めする日々です。

韓国に来たからには、カフェグッズ、雑貨、
スキンケア用品など、いろんなアイテムを買って帰りたいところ。
私が渡韓したら買っている、おすすめのお土産を紹介します。

スターバックスの韓国限定アイテム

韓国スターバックスのアイテムは可愛い！　人気の商品は、販売開始後すぐに品切れになるほど。スターバックスに寄る機会があれば、ぜひグッズチェックを。個人的にはクリスマスとバレンタインのグッズが、毎年特に楽しみです。ちなみに韓国のスターバックスは、クレジットカード決済orカカオペイのみ対応の店舗が増えていて、現金が使えないこともあるのでご注意を。

カルグクス麺

デパートの食品売り場やスーパー、コンビニで販売しているカルグクス麺。生麺も大好きですが、日持ちしないためお土産には乾麺タイプを購入しています。日本にはないタイプの、コシのある太麺がおいしくて、自宅には常に買い置きがあるほど。私は味覇と牛肉ダシダ（韓国の粉末状のダシ）を溶かしてスープにし、野菜を入れて完全自己流のカルグクスを作っています。キムチや味噌とも相性がよいので、アレンジして楽しんで。

WATERY PUFF

もう、知らなかった頃には戻れない。それだけ私にとって要必須なメイクスポンジ。下地やファンデーション、チークを塗るときに使います。手で塗るとムラができるし、手も汚れますが、このスポンジを知ってからというものベース作りが快適すぎて!!　柔らかいのに弾力があって、肌に優しく綺麗にベースを伸ばしてくれます。しかもひとつ5000ウォン。オリーブヤングで販売していて、たまにセールもしています。

d&d seoulのトッポキ皿

d&d seoul（P17）で販売している、韓国の家庭で使われるトッポキ皿。軽くて丈夫です。トッポキだけでなく、果物にヨーグルト、おかずなど、とにかくちょっとした料理に使える優れもの。プチプラな値段も嬉しくて、ついたくさん買ってしまいます。写真左のスッカラ（スプーン）は、くすんだものが好きなので、市場などで見かけるたびに細々と買っています。

韓国カフェ巡りで役立つ ちょっとしたメモ

注文するとき 🎵

温かいドリンクは
「タットゥッタン (따뜻한)」

冷たいドリンクは
「アイス (아이스)」と伝えます。

私の経験上、HOTの発音は「ホット」では通じません。
「ハッ (to)」と言うと通じます。

コーヒー用語 ☕

ドリップコーヒーを頼むと聞かれるのは、
どんな味のコーヒーが好きかということ。
聞かれたときに便利な

「酸味がない=サンミ オ (m) ヌン (산미 없는)」
「酸味がある=サンミ イッヌン (산미 있는)」
「コーヒーが好きです=コピ チョアヨ (커피 좋아요)」で、

自分好みのコーヒーの味を伝えてみましょう。
好みに合ったコーヒーを淹れてもらえますよ。

テイクアウト 🍕

韓国語でテイクアウトすることを
「ポジャン (포장)」といいます。

コーヒーやスイーツをテイクアウトしたいときは
「ポジャンヘ ジュセヨ (포장해 주세요)」
といえば、
テイクアウト用にしてくれますよ。

＊カフェで使える韓国語は、YouTubeなどで韓国語を教えているダヒさん (@DaaHeeLee) の動画がとてもわかりやすいので、ぜひ参考にしてみてください。普段 YouTube はあまり見ないのですが、ダヒさんは日本語がとても上手で説明も丁寧でわかりやすく、本当に勉強になります。

チャンネル名⇒だひチャンネル
動画タイトル⇒韓国旅行Tip「カフェで注文するとき使える言葉 #15」

韓国のカフェには、稀に日本語の話せるスタッフがいることもありますが、ほとんどの店で日本語は通じません。カフェ巡りを楽しむために覚えておきたい、注文の仕方やルールなどについてまとめました。

化粧室

化粧室がカフェの中になく、同じビル内など外にあることがほとんど。セキュリティのためレジで鍵を受け取るスタイルや、秘密番号(ビミルボノ・韓国のドア施錠は鍵ではなくカードや秘密番号を入力し開けるスタイルがほとんど)を聞くスタイルのカフェも多いです。また、トイレットペーパーをカウンターで受け取る店もあります。受け取るのを忘れないように気をつけて。

「化粧室はどこですか？
＝ファジャンシル オディエ イッソヨ？（화장실 어디에 있어요?）」

写真

韓国カフェでよく見かける光景に「彼女の写真を永遠に撮っている彼氏」「恋人たちのセルカ」があります。ホットスポットな人気カフェはとにかく人がすごいので、至るところでカメラの音が聞こえますが、カフェが大好きだからこそ、カフェの雰囲気を壊したくないなと思っていまして。なるだけ、Liveモードで写真を撮るようにしています(Liveモードにしておくとピロンと小さく鳴るくらいで無音に近いのです)。ポートレートで撮るときは、数枚に収まるように。
韓国の人たちは写真が大好きなので、カシャカシャ撮っていてもよほどひどくない限りは、嫌な顔をされることはありません。ただ、周りの人が不快にならないようにTPOに合わせて、カフェが好きだからこそ、気をつけるようにしています(とか偉そうにいっておいて、騒がしいなと思われていたらEvery day I shock)。

定休日

巻頭でもお話ししましたが、韓国のカフェは大手チェーン店でない限り、定休日ではないけれど突然休みになることがよくあります。せっかく行ったのに閉まっていた、なんてことは日常茶飯事。休み情報などは随時店のインスタグラムにアップされるので、渡韓前に行きたい店のインスタグラムをチェックして行くことを強くおすすめします。

日→일　月→월　火→화　水→수　木→목　金→금　土→토　休業→휴무

店のインスタグラムに「월요일 휴무」と書いてあれば、月曜休みということです。
ちなみに韓国カフェは、月曜が定休日の店が多いように思います。

韓国での交通情報

Memo / Saliy's voice

空港─ホテル間はリムジンバスを使うべし

仁川空港からホテルまでの移動は、リムジンバスが便利でおすすめです。韓国の地下鉄は乗り換えが大変なので、重い荷物を持っての移動はしんどい。リムジンバスなら、チケットを買ってバスに乗っているだけで宿まで着くので、とても快適です。ただし、渋滞にハマると大変時間がかかるため、出退勤時間・週末の夕方など混み合う時間帯は、地下鉄または空港鉄道のA'REXを使うのがおすすめです。また、自動券売機は日本語メニューもあるので、目的地の地名の頭文字から選択し、簡単にチケットを買うこともできます。

日本語で操作できるのが、有難い！ この券売機でチケットを購入すれば、ホテルまでリムジンバスで楽に移動できます。＊カード決済のみ

バス乗車時に気をつけたいこと

韓国では2018年に法律が改正され、カフェでのテイクアウトカップの使用が禁止となりました。といっても、テイクアウトの際は大丈夫なのですが、イートインの際は環境に配慮し紙カップでの提供はNGとなったのです。まだ紙カップで出る店もちらほらありますが、チェーン店では皆無。
そしてこのテイクアウトドリンク、バスへの持ち込み乗車は禁止です。ペットボトルをバッグに忍ばせておくのは問題ないですが、テイクアウトカップを持ったままバスには乗れません。ご注意を。
ちなみにソウル市内を走るバスはとても便利。バス専用道路があるのでとにかく早いし、地下鉄乗り換えが不便な場所でもバスなら1本！ と、楽なことも多いのです。しかし、とにかくスピード感が満載。乗り降りにもスピード感を求められ、運転も荒いので、子ども連れのときや年配の方がいらっしゃるとき、また酔いやすい人にはあまりおすすめできません。韓国の交通カードT-money（Suicaのようなカード）はコンビニでも料金チャージできますよ。

T-moneyカードには、様々なデザインのものがあります。私は、大好きなK-POPグループ・EXOのカードを愛用。

韓国旅のお役立ちアプリ

Saliy's voice

スマホやタブレットにアプリを入れておけば、韓国旅でも困ることはありません。私が便利だと思う、旅に役立つアプリをご紹介します。

コネスト

私の周りでは「コネストがあれば大丈夫」というほど、どんな情報でも載っている韓国情報サイトのアプリ版。日本語で書かれた地図がとにかく便利で、本書の店舗地図でもご協力いただきました。日本語・英語・韓国語で道路名でも地番住所でも住所を検索できて、便利!
また韓国で要注意なのが、ミセモンジ。中国大陸から飛んでくる、大気の中に含まれる見えない汚染物質PM2.5を韓国ではミセモンジと呼んでいます。コネストのサイトにある「韓国旅行でのPM2.5予防と対策」ページを参考にしてみてください。

kakao taxi

韓国でタクシーに乗るときに1番ストレスなのが、行き先を伝えること。韓国語の発音が難しい地名だと、間違えられて違う場所へ行かれたこともあります。「え? ここどこ!?」というやりとりも、言葉が通じないと正直大変。
kakao taxiは、そんなストレスを解消してくれる配車アプリ。現在地と目的地を設定してタクシーを呼べば、スムーズに目的地まで連れて行ってくれます。登録されたドライバーさんたちなので安全。ただし、混み合っているときは呼んでもタクシーが捕まらない場合も。週末夜の繁華街や、夜中の東大門は特に捕まりません。また普通にタクシーを捕まえようとしても、距離が近すぎたり、遠かったり、タイミングが悪いときは乗車拒否されることも。韓国は労働環境の改善などを訴えるデモがよく行われているので、もしタクシーの運転手さん達がデモしている日に当たったら、まったく捕まらないと思います。悪しからず。

kakao map

韓国はGoogleマップが弱く、詳細な地図が表示されないことがよくあります。もしハングルの読み書きができるのであれば、地図アプリならkakao mapがダントツで便利! 現地の地図なので、細かい情報まで表示されますよ。

Subway (korea)

ソウルの地下鉄路線図。移動時間、乗り換え情報などを簡単に調べることができます。地下鉄での所要時間がすぐにわかるので便利。設定を切り替えれば、郊外の釜山・大邱・大田・光州の地下鉄路線図も表示されます。

韓国旅ガイド

韓国観光公社が提供するアプリなので、最高の信頼感。何がすごいって、アプリを立ち上げればすぐに、韓国の観光に関する問い合わせが日本語でできる案内電話1330へ通話可能。困ったときはそのまま電話できる優れものです。Wi-Fiに接続していれば無料で通話できますが、接続していない場合はデータ通信量がかかるのでご注意を。

papago

翻訳アプリ。テキスト、音声、写真の認識が可能な優れもの。写真は特にすごくて、例えばハングルで書かれたメニューの写真を撮り、翻訳したい箇所を指でなぞると、そのまま翻訳してくれるんです! すごい! ドラえもん! 変な翻訳になることももちろんありますが(笑)、とにかく便利。カフェに行ったときだけでなく、韓国滞在中の様々な場面でかなり使えるので、ぜひダウンロードを。

韓国旅で困ったとき

韓国観光公社が提供する「観光通訳案内電話1330」

韓国の観光についてのお問い合わせに、日本語、韓国語、英語、中国語、ロシア語、ベトナム語、タイ語、マレー・インドネシア語で答えるサービス。韓国を旅行中でも、日本からでも、24時間利用できます。困ったときは、プロに聞きましょう!

Wi-Fi or SIMについて

個人的な体感としては、日本より韓国にいるときの方がネットのストレスが少ないです。速度制限を気にしたこともないし、カフェにはどこだってWi-Fiがあるし、ネット回線が遅いな……と感じることはほぼ皆無。私は韓国旅行するとき(日本のモバイルはSIMフリー契約) Korea infoでSIMレンタルしていました。SIMを替えるだけでネットは使い放題だし、Wi-Fiの電池を気にする必要も、速度制限を気にする必要もなく、ストレスフリー! ただし、その間日本の携帯番号は使えません。

韓国カフェは、ほぼすべてのカフェにWi-Fiがあるといっても過言ではないほど普及しています。とはいえ、その店に行くまではWi-Fiがないとネットで地図も見られませんし、行き着くまでにネットがないと不便だと思うので、移動中でもネットが使えるよう、Wi-FiかSIM、自分に合ったものをレンタルして旅することをおすすめします。

海外旅行保険について

実は私、一度も海外旅行保険に入ったことがないのです。ただ、保険は死ぬほど大事!と思った出来事が最近あったのです。まず、韓国の病院にかかると医療費は10割負担となります(日本の保険も使えるらしい)。例えば、事故に遭ってしまったとき、急に具合が悪くなったとき、入院しなければならなくなったとき。保険に入っていないと、費用は全額負担することになります。友人がソウルにいるときに肝炎になってしまい、韓国の病院で検査することに。CTスキャンなどもとったため12〜13万円の費用がかかりましたが、ちゃんと海外旅行保険に入っていたので、かかった代金はほぼ戻ってきたそう。加入している保険によって決まりがあるので、海外入国前に必ず確認を。保障は手薄ですが、クレジットカードに付帯している保険もあるようです。

もしものときの緊急連絡先

観光警察

観光地での犯罪予防や不法行為の取り締まりだけでなく、観光苦情処理、観光案内など様々なサービスを提供している観光警察。観光地で不当な待遇を受けたときなどは、青いジャケットに黒いベレー帽を被った観光警察に通報すれば、迅速に対応してもらえます(英語・日本語・中国語・スペイン語などでの観光案内および通訳)。なお、観光警察へは最寄りの案内センターに行くか、1330観光通訳案内電話まで電話で連絡を(+82-2-1330 ＊日本語可)。
http://jp.koreatouristpolice.com

案内センター情報

明洞案内センター
住所 ソウル特別市中区明洞キル 14
(ロッテヤングプラザの向かい側、
明洞地下ショッピングセンター15番出口前)
運営時間 10:00-22:00 年中無休

弘大案内センター
住所 ソウル特別市麻浦区西橋洞 365-28
(KT&Gサンサンマダン近くの弘大第1公営駐車場)
運営時間 10:00-21:00 年中無休

東大門案内センター
住所 ソウル特別市中区乙支路6街 18-12
(斗山タワー(ドゥータ)前)
運営時間 10:00-18:00 年中無休

梨泰院案内センター
住所 ソウル特別市龍山区梨泰院洞 34-2
(緑莎坪公園内)
運営時間 10:00-18:00 年中無休

おわりに

「韓国カフェ巡り in ソウル」、いかがでしたか？
楽しんでいただけましたでしょうか。

この本をご覧になった、まだ韓国カフェに行かれたことのない方に
「あ、韓国にこんな素敵なところあるんだ」と興味を持っていただけたら、
とても嬉しく思います。

私はいつもインスタグラムに、大好きなソウルの写真をたくさんアップしています。
ソウルにはいわゆる「インスタ映え」スポットが山のようにあります。
単純に可愛いと思いますし、キラキラしていて楽しいけれど
私が好きになった韓国は別物だと、この本の制作中に気づきました。

韓国が得意とする、無駄を省いたミニマルで余白のあるシンプルなスタイルが大好き。
シックな色使い、大胆な配色、絶妙な抜け感、伝統的な韓国スタイルも好き。
昭和感残るアジアの雑多な雰囲気と、ハイセンスなカフェとのコントラストも面白い。

これまで400軒以上の韓国カフェを巡ってきましたが、
本当にいつも楽しい時間を過ごせて、
言葉も通じない見ず知らずの私に、みなさん驚くほど優しく接してくださいました。

最近は韓国語でもだいぶコミュニケーションがとれるようになり、
以前よりさらに楽しみが増えましたが、違う国の人たちなのに
「あ、日本語通じなかったんだっけ」とふと思い出すほど親切でフレンドリー。

可愛い映えも、もちろんときめくから好きですが、
インスタ映えだけじゃない、
素敵なカフェを通して、リアルなソウルの人たちの暮らしを、
そこにいる人たちの様子や息づかいを感じられるような、
そんな本を目指しました。
「いいね!」の先にあるものを伝えたかったのです。

この本を通して、みなさまに韓国のカフェで
たくさんの楽しい時間を過ごしていただけたら、最高に嬉しいです。
私はこれからもDon't mess up my tempo（EXO）で、韓国カフェ道を突き進んでいきたいと思います。

最後に、師匠と呼ばせていただいている編集長の青柳さん。
頭脳明晰・優しさに溢れた編集者でこの本を作ってくださった安田さん。
素敵なイラストを描いてくださった堂坂さん。デザイナーの中村さん。
この本を出版し、書店に届けてくださるワニブックスのみなさま。

韓国のイロハを教えてくださった上原由加奈さん、金セアルさん。
ソウルでいつもお世話をおかけしている轟さん、岡本さん、HBさん。
韓国観光公社のみなさま。いつも応援してくれる友人、
インスタグラムで温かい言葉をかけてくださるみなさま。

韓国カフェで、宝物のような時間と出会いをくれたすべてのスタッフニム、
そして両親にこの本を捧げたいと思います。
ノムノムカムサハムニダ!

2019年4月8日 東山サリー

文・写真	東山サリー
デザイン	中村 妙（文京図案室）
イラスト	堂坂由香
編集協力	韓国観光公社
地図協力	コネスト
協力	轟 友貴
校正	聚珍社
編集	青柳有紀　安田 遥（ワニブックス）

韓国カフェ巡り in ソウル

著者　東山サリー

2019年5月6日 初版発行

発行者	横内正昭
発行所	株式会社ワニブックス
〒150-8482	東京都渋谷区恵比寿4-4-9　えびす大黒ビル
電話	03-5449-2711（代表）
	03-5449-2716（編集部）
ワニブックスHP	http://www.wani.co.jp/
WANI BOOKOUT	http://www.wanibookout.com/

印刷所	株式会社光邦
DTP	株式会社オノ・エーワン
製本所	ナショナル製本

※P.1イラストはQueue coffee lab（京畿道高陽市）
定価はカバーに表示してあります。
落丁本・乱丁本は小社管理部宛にお送りください。送料は小社負担にてお取替えいたします。ただし、古書店等で購入したものに関してはお取替えできません。
本書の一部、または全部を無断で複写・複製・転載・公衆送信することは法律で認められた範囲を除いて禁じられています。

©東山サリー2019
ISBN 978-4-8470-9790-4